챗GPT 국어 수업

챗GPT 국어 수업

소설·논술·토의 수업 설계부터 대입 면접 활용까지

초판 1쇄 발행 2023년 10월 31일
초판 2쇄 발행 2024년 1월 20일

지은이	김가람 김소진 김영희 윤재오 정수화 조인혜
펴낸이	이영선
책임편집	이현정
편집	이일규 김선정 김문정 김종훈 이민재 김영아 이현정
디자인	김회량 위수연
독자본부	김일신 정혜영 김연수 김민수 박정래 손미경 김동욱

펴낸곳 서해문집 | 출판등록 1989년 3월 16일(제406-2005-000047호)
주소 경기도 파주시 광인사길 217(파주출판도시)
전화 (031)955-7470 | 팩스 (031)955-7469
홈페이지 www.booksea.co.kr | 이메일 shmj21@hanmail.net

소설·논술·토의 수업 설계부터
대입 면접 활용까지

챗GPT
국어 수업

김가람 김소진 김영희
윤재오 정수화 조인혜

서해문집

머리말

     이 책은 챗GPT를 활용한 국어 수업을 함께 고민해온 전국국어교사모임 연수국 동료들과의 공부 기록이자, 교사들이 직접 해본 인공지능 교육 이야기다. 우리는 2023년 4월부터 한 달에 한 번씩 모여 수업을 구상하고 공유했다. 공학, 뇌과학, 트렌드 분석 등 여러 분야의 전문가들이 챗GPT의 교육적 활용 방안에 대한 전망을 내놓던 시기였다.

    지독한 문과형 인간인 국어 교사들이 최신 기술의 정점인 인공지능 수업에 골몰하기 시작한 이유는, '이미' 챗GPT를 쓰고 있는 많은 학생들이 놀라운 기술에 감탄만 하고 끝나지 않기를 바랐기 때문이다. 우리는 챗GPT가 해준 말을 분석, 해석한 뒤 자신의 생각과 언어로 다시 만들어내는 경험을 아이들에게 쥐여주고 싶었다. 그래서 기계에 명령어를 입력해 응답을 받아내는 활동으로 만족할 수 없었다. 세계와 존재에 대한 새로운 사유를 일깨우려고 애썼다. 그래야 국어 수업이라고 부를 수 있다고 여겼다.

각기 다른 장소에서, 서로 다른 교사가 진행했음에도 우리의 챗GPT 수업은 모두 '학습자가 자신을 더 잘, 깊이 알게 되는 결과'에 이르게 되었다. 방향성을 미리 약속하지 않았는데도 그렇게 되었다. 놀랍고 벅찬 일이다.

인공지능을 활용한 수업이라는 말을 들으면 최대의 효율과 성과, 빛나는 기술력 등을 먼저 떠올리게 된다. 하지만 실제로 수업을 해보니 학생들은 오히려 '자신을 발견한다'는 교육의 오래된 목표를 경험했다. 스스로의 잠재력을 확인하기도, 그간 가져온 선입견을 부수기도, 혼자서는 정리하지 못했던 '나'라는 사람을 언어화해보기도 했다. 우당탕 몸으로 부딪쳐 배운 깨달음도 가감 없이 소개한다. 우리의 실수와 실패 또한 챗GPT 수업을 시도하려는 동료들에게 하나의 참조점이 될 수 있으리라는 생각에서다.

'인공지능의 시대'라는, 기대감으로 한껏 가슴을 부풀게 하는 표현에만 눈길을 주다 보면 이 시대 또한 인간이 살아가는 시간이라는 것을 잊게 된다. 아무리 반짝이는 새로운 기술이 등장하더라도, 교육은 인간으로서 인간답게 살아가는 법을 알려주는 역할을 맡아야 하지 않을까.

앞으로의 교육을 두고 다양한 예측과 의견이 쏟아진다. 인공지능 시대에 내 수업이 담아내야 할 바를 고민하는 동료들께 다정한 수업 친구가 되길 바라며 책을 엮는다.

멋진 동료들과 함께 공부하는 과정이 기쁘고 벅찼던
김영희

차 례

04 미디어 리터러시 기르기
챗GPT를 반박하라!
확증편향의 시대를 건너는 글쓰기 수업

06 아날로그 교사인 나를 살게 하는 것
질문을 가꾸는 토의로
인간과 기술의 관계 고민하기

사실이 아닌 걸 사실처럼 말한다면

창작에 도움을 받아보자!

챗GPT와 함께하는 소설 재구성 수업

정수화
경북대학교사범대학부설중학교

챗GPT 수업을
시작하기
전에

❶ 생성형 AI(인공지능)로 수업을 하기 위해서는 학생과 보호자의 동의가 필요하다. 오픈 AI가 제시한 내용(https://openai.com/blog/our-approach-to-ai-safety)에 따르면 18세 이상이거나, 부모의 승인이 있는 13세 이상의 청소년이 사용할 것을 권장한다. 개인정보보호위원회가 제공하는 아동·청소년 개인정보보호 가이드라인(https://www.pipc.go.kr/np/cop/bbs/selectBoardArticle.do?bbsId=BS217&mCode=D010030000&nttId=8161)에는 만 14세 미만의 아동, 만 14세 이상 만 18세 미만 청소년의 개인정보를 보호해야 한다고 명시되어 있다. 따라서 수업을 하기 전에 왜 챗GPT를 활용하고자 하는지 충분히 설명하고, 학생들의 공감을 이끌어내는 것이 좋다.

❷ 생성형 AI 가이드를 읽어보기를 권한다. 서울특별시교육청, 경상북도교육청, 충청남도교육청, 세종특별자치시교육청, 인천광역시교육청 등 시도별로 가이드를 만든 곳이 있다. 생성형 AI로 수업을 하기 전 유의해야 할 부분과 수업에 활용할 수 있는 방법들을 제시하고 있다.

아니 이걸 AI가?

'AI가 5초 만에 쓴 한 문장짜리 슬픈 이야기'.[1]

유튜브 알고리즘이 이끄는 대로 여러 영상을 훑다가 보게 된 영상의 제목이다. 인공지능이 대체 뭘 얼마나 슬픈 이야기를 쓸 수 있겠냐며 다소 냉소적으로 침대에 누워서 편하게 보다가 어느새 일어나 앉아 몰입하기 시작했다. 챗GPT에게 세 문장만 사용해서 슬픈 이야기를 써달라고 했더니 순식간에 문장을 완성했고, 연달아 두 문장, 한 문장으로 조건을 바꿔 다시 써달라고 요청하는 영상이었다. 한 문장으로 완성한 슬픈 이야기는 이렇다.

한 남자는 자신의 손가락에 낀 결혼반지를 보며, 어두운 침대에 우두커니 앉아 잃어버린 사랑에 관해 생각했다.

방이 고요했고, 밤이었고, 그래서 감정이 말랑말랑해서였을까. 멍한 눈으로 반지만 쳐다보고 있는 한 남자가 그려지며 순간 울컥했다. 아니, 이걸, 인공지능이, 몇 초 만에, 했다고?

그 후로 수없이 많은 챗GPT 영상을 찾아봤다. 정보를 검색하고, 글을 요약하고, 개요를 세우고, 글을 쓰는 모든 과정을 해주는 챗GPT. 경악했다. 그럼 도대체 국어 수업에서는 뭘 하란 말이야? 코로나 시대에 온라인 수업을 해야 했을 때보다 더 큰 충격을 받았다. 온라인이긴 했지만 학생들이 직접 자료를 읽으면서 요약하고 글을 썼는데, 챗GPT는 학생들이 한 그 모든 활동을 대신해줄 수 있었다. 수업의 방향, 나아가 내 수업의 본질은 무엇인지 고민할 수밖에 없었다.

챗GPT와 무수한 대화를 하고 관련 영상을 보고 책을 읽으며 깨달았다. 어떻게든 챗GPT를 이겨낼 방법, 챗GPT는 하지 못하는 것을 찾아서 그게 국어 수업의 의미라고 생각하면 안 된다고. 오늘날 학생들이 유튜브를 자료 검색, 정보 습득, 일상생활 공유, 취미 활동 등에 가장 많이 활용하는 것처럼, 챗

GPT가 학생들의 일상 속에 깊게 파고들 것은 당연한 일이다. 그러니 챗GPT를 수업에서 잘 활용할 수 있는 방법을 찾아야 한다. 그렇게 생각하니 한결 마음이 편해졌다. 근데, 어떻게 활용하지?

소설은 그럴싸한 이야기니까
소설의 재구성, 챗GPT의 도움을 받아볼까?

중학교 2학년 1학기 수행평가를 채점하던 중이었다. 소설 원작과 재구성 작품의 공통점과 차이점을 분석해 설명하는 평가다. 여섯 편의 단편소설을 제시한 뒤, 학생이 한 편을 골라서 자신의 의도를 담아 원작을 세 군데 이상 변형한 소설 줄거리를 만든다. 그리고 원작과 재구성 작품의 공통점과 차이점을 분석하는 과정으로 진행했다.

학생들이 쓴 글을 읽다 보니, 원작을 재구성하려는 의도는 훌륭한데 이를 소설로 잘 풀어내지 못하는 학생들이 많았다. A 학생이 그랬다. A는 〈집 도둑〉[2]이라는 초단편소설을 선택했다. 이 소설은 시민들이 집을 비우면 집을 훔쳐가는 도둑이 등장한다. 그 도둑은 바로 하늘에 떠 있는 '우주'다. 이 상황을 앵커가 뉴스로 보도하며 우주에게 집을 도둑맞아 황당한 시민들의 인터뷰가 이어진다. 소설은 한강변에서 노숙하고 있는 '주석'이 깜깜한 하늘을 쳐다보며 혀를 차는 것으로 끝이 난다. A는 이 소설을 '환경 문제의 심각성과 인류의 연대' 측면에서 재구성하고 싶다는 의도를 밝히고 아래처럼 소설의 줄거리를 바꿨다.

내가 바꾼 소설의 줄거리를 말해보자면, 한 시민의 인터뷰로 작품이 시작된다. 이 시민은 밖을 보니 대부분의 집들이 우주에게 빼앗겨 처참하게 뜯겨져 있었고, 이에 충격을 받았다고 말을 한다. 이후 앵커는 현재 대부분의 집들이 우주에게 빼앗겼으며 이로 인해 많은 사람들이 어려움에 처했다고 말하고, 이러한 어려움에 처한 사람들에게 살 곳을 마련해주며 도와주고 있는 사람들에 대해 얘기를 한다. 그리고 그 도와준 시민들 중 한 시민이 자신이 왜 그 사람들을 도와주는지, 앞으로 어떻게 할 것인지 인터뷰를 한다. 그다음에는 앵커가 우주에게 집을 빼앗기는 피해의 정도를 줄이고자 끊임없이 노력하고 있는 한 단체에 대해 설명을 하고, 이 단체가 집을 빼앗기는 피해의 정도를 줄이는 데 성공했다는 이야기를 한다. 이 뉴스를 보고 있던 한 노숙자는 오

　　　　　사실이 아닌 걸 사실처럼 말한다면

늘따라 유난히 밝아 보이는 우주를 보면서 작품이 끝나게 된다.

'인류의 연대'는 어려움에 처한 사람들을 서로 돕는 모습으로 설명이 가능하지만, '환경 문제의 심각성'은 나타나지 않는다. A가 '환경 문제의 심각성'을 이야기한다고 했을 때 정말 좋은 아이디어라고 생각했다. 그래서 집을 빼앗기는 사람들은 환경 문제를 일으키는 사람들, 예를 들어 아마존 삼림을 파괴하거나 일회용품을 많이 사용하는 사람들로 설정하지 않을까 하는 예상도 했는데, 그와 관련된 내용이 재구성 줄거리에는 전혀 나타나지 않았다.

A의 활동 결과물을 채점하면서 이런 생각이 문득 들었다. 이 지점에서 챗GPT를 활용하면 어떨까? '창작'의 영역에서 챗GPT의 도움을 받아보자! 수행평가에서 쓴 자신의 의도를 챗GPT에게 알려주고 챗GPT와 함께 소설을 재구성해보자. 학기 말, 어떤 것이든 하기 싫어하는 중학교 2학년 학생들을 붙들고 그렇게 얼렁뚱땅 챗GPT 국어 수업이 시작됐다.

차시	내용
1차시	회원 가입
2차시	챗GPT와 놀기
3차시	챗GPT에게 단편소설 줄거리 학습시키기
4차시	챗GPT와 함께 자신의 재구성 의도에 맞는 단편소설 줄거리 만들기
5차시	챗GPT에게 원작을 완전히 재구성할 아이디어 얻기

얼렁뚱땅 챗GPT 국어 수업의 시작
[1차시] 험난했던 회원 가입의 길

챗GPT에 대해 들어본 적이 있냐고 학생들에게 물었다. 절반은 들어봤다고 했고, 그중 한두 명 정도는 직접 사용도 해봤다고 했다. 챗GPT가 어떤 능력을 지녔는지 영상을 보여줬다. 내가 보고 감동받은, 한 문장으로 슬픈 이야기를 쓰는 영상이었다. 학생들은 어떤 느낌을 받을까? 잔뜩 기대하며 표정을 살폈는데 이런, 반응이 없다. 상실의 슬픔, 배우자의 부재는 중학교 2학년생에게 이해하기 힘든 감정이었나 보다. 그래도 아이들이 흥미를 갖도록 이야기를 던지며 회원 가입

사실이 아닌 걸 사실처럼 말한다면

을 시도했다.

"단 5초 만에 문장을 뚝딱 만들어내는 챗GPT가 신기하지 않아? 이걸 이제 우리가 써볼 거야."

우리 학교에는 학생별로 개인 크롬북과 구글 계정이 있어서, 챗GPT 사이트(chat.openai.com)를 안내하고 학교 구글 계정으로 가입하도록 했다. 그런데 문제가 생겼다. '가입하기'를 눌렀는데도 다음 페이지로 넘어가지 않거나, 생년월일을 입력했는데도 사이트가 멈추거나, 휴대전화로 온 인증번호를 눌렀는데도 인증번호가 틀렸다고 나오거나. 여기저기서 안 된다고 아우성이었다. 교실에 들고 온 내 노트북에서는 챗GPT를 원활하게 쓸 수 있었는데 말이다.

이때부터 진땀이 나기 시작했다. 한두 명이 겨우 가입에 성공했지만 챗GPT에게 질문을 해도 커서만 깜빡일 뿐 답변을 해주지 않았다. "얘들아, 이게 왜 안 될까?" "쌤, 챗GPT에게 물어봐요!" "어? 아!" 챗GPT를 활용하는 수업을 하면서도 이런 상황에 써먹을 생각을 못 하다니. 나보다 학생들의 사고가 훨씬 유연하니 어떠한 도구도 능숙하게 쓸 수 있겠단 생각이 스쳐 지나갔다. 학생의 말대로 챗GPT에게 물었다. 그러나 이것도 소용이 없었다.

"1. 페이지 새로고침: 대화 인터페이스를 새로고침하여 다시 시도해보세요….”

아니, 이런 답변 말고 실질적인 해결책을 달라고! 회원 가입을 시도하느라 한 시간이 훅 지나갔다. 다음 시간까지 집에서 회원 가입을 해 오라는 말과 함께 교실을 나올 수밖에 없었다.

수업이 없는 시간, 회원 가입이 되지 않았던 원인을 찾아야만 했다. 유튜브와 구글에서 열심히 찾아도 마땅한 해결책이 보이지 않았다. 그래서 대안으로 사용할 사이트(https://poe.com/chatGPT)를 준비했다. 네이버 ‘지식in’과 비슷한 지식 검색 사이트 쿼라(Quora)에서 만든 ‘포(Poe)’라는 플랫폼인데, 챗GPT를 포함한 다양한 챗봇이 있으며 구글 아이디로 간편하게 가입할 수 있다. 다른 반에서 이 사이트를 활용해 수업을 진행했는데, 회원 가입이 간단하고 25명이 동시에 접속해도 문제가 없으며 챗GPT의 답변과 크게 다르지 않았다. 여러 명이 동시에 가입할 때 겪을 수 있는 어려움을 확실히 줄이려면 회원 가입은 집에서 미리 해 오도록 안내해도 좋을 듯하다.

사실이 아닌 걸 사실처럼 말한다면

새로운 도구는 일단 갖고 놀아야 한다!
[2차시] 챗GPT와 친해지기

코로나 시대에 다양한 온라인 도구를 사용하며 배운 점이 하나 있다. 새로운 도구를 마음껏 가지고 놀 수 있는 시간을 학생에게 무조건 줘야 한다는 것. 특히 중학생은! 호기심을 가지고 이것저것 만져보고 만들어봐야 실제 수업에서 활용할 때는 활동에만 집중할 수 있다는 걸 이미 몸으로 느꼈다. 그래서 이번 시간에는 챗GPT와 마음껏 이야기를 나눌 수 있도록 했다. 챗GPT에 대한 궁금증도 충족하면서 챗GPT의 기본 원리를 배울 수 있는 시간이길 바라며 학생들에게 자유롭게 질문을 해보라고 했다.

키보드를 두드리는 소리, 킥킥거리는 소리, 짧게 터지는 탄식. 크롬북 화면을 보는 학생들의 눈이 반짝반짝 빛났다. 25분의 시간이 지나고, 자신이 한 질문과 챗GPT의 답변을 짝과 공유하며 챗GPT의 특징에 대해 이야기를 하도록 했다. 그리고 반 전체 학생들과 함께 이야기를 나눴다. 학생들의 발표 내용은 이랬다.

"우리나라의 대통령이 누구냐고 물었더니 2021년 기준으로 대답을 해서 2023년의 대통령은 누구냐고 또 물었거든요.

근데 자기는 2021년 9월까지의 정보만 알고 있어서 최신 정보는 모른다고 하더라고요."

"저는 독도는 누구 땅이냐고 물었는데, 일본에서는 다케시마라 하고 대한민국에서는 독도라고 한다, 실질적으로는 대한민국이 점유하고 있다고만 얘기했어요. 그래서 너는 누구 땅이라고 생각하냐고 물었는데요, 자기는 개인적인 생각을 할 수 없대요."

"저는 차은우를 아냐고 물었는데 막 거짓말을 해요. '은하수의 건너편', '알함브라의 궁전'에는 나오지도 않았는데 여기 나왔다고 뻥 쳐요."

한 아이가 킥킥대며 말했다.

"쌤, 얘는요 자기랑 사귀자고 썼어요."

와. 학생들이 크게 웃었다.

"그래서 챗GPT가 뭐래?"

"아니 그게요… 자기는 컴퓨터 프로그램이라서 사람과 인간적인 관계를 맺을 수 없다고, 정보 제공과 대화를 통해 도움만 줄 수 있다고 했어요."

"야, 차였다 차였어."

학생들의 이야기를 들어보니 챗GPT의 특징을 잘 찾아냈다. 교사가 정리해서 알려주지 않아도 판만 잘 짜주면 학생들은 스스로 잘 해낸다는 것을 다시 깨달았다.

거짓말쟁이 챗GPT, 동생처럼 가르쳐보자
[3차시] 소설 줄거리 학습시키기

우리가 해야 할 첫 번째 활동은 단편소설의 줄거리를 챗GPT에게 알려주는 것임을 안내했다. 전에 수행평가를 할 때 제시한 여섯 편의 단편소설 중 자신이 선택했던 소설의 제목을 챗GPT에 입력하고 줄거리 요약을 해보라고 했다.

챗GPT의 답변이 뜨자마자 학생들은 에이, 장난하나, 거짓말쟁이라며 아우성이었다. 최신 작품에 대한 정보가 없어 사실이 아닌 걸 사실처럼 이야기하는 경우가 많다는 것을 학생들이 직접 경험한 셈이다. 그래서 지금 할 활동인 소설의 줄거리를 챗GPT에게 학습시키는 것이 반드시 필요하고, 정말 중요하다고 한껏 강조했다.

먼저 자신이 선택한 소설의 줄거리를 다음 페이지의 사진처럼 패들렛[3]에 올렸다. 소설 제목으로 섹션을 만들고 소설 제목 아래에 있는 + 버튼을 눌러 새로운 포스트잇에 글을 쓰게 한 것이다.

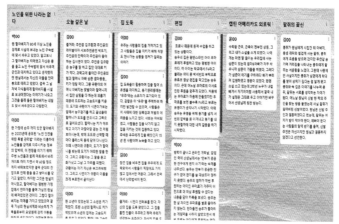

패들렛에 게시된 단편소설 여섯 편의 줄거리

여기 있는 줄거리를 복사해 챗GPT에게 알려주어 원작의 줄거리를 학습하도록 했다. 줄거리를 제대로 말하지 못한다면 틀린 걸 지적하고 고쳐주면서 챗GPT가 완벽하게 줄거리를 학습할 수 있도록 반복하라고 했다.

아래는 〈집 도둑〉 줄거리를 학습시키는 과정이다. 〈집 도둑〉은 정말 짧은 소설이기에 소설 전문을 대화창에 입력하고 줄거리를 요약해달라는 질문을 하라고 했다.

👤 내가 적어준 소설의 줄거리를 다시 요약해줘.

사실이 아닌 걸 사실처럼 말한다면

이 소설은 사람들이 사는 집이 우주라는 도둑에게 털리는 상황에서 벌어지는 이야기입니다. 사람들은 집을 나가면 우주에게 집을 도둑맞기 때문에 집에서 나가지 않으려고 합니다. 이미 집을 잃어버린 사람들은 돈을 돌려받기 위해 집주인을 찾아가지만, 집주인은 등기부등본상의 주인이 우주라고 말합니다. 이로 인해 사회에 혼란이 생기고, 이미 집을 잃은 사람들은 난리를 치며 혼란스러워합니다. 그러나 15년 차 노숙자는 우주가 있는 하늘을 보며 무언가를 생각하며 웃음을 짓습니다.

네가 요약한 마지막 부분에서, '노숙자는 웃음을 짓는다'가 틀렸어. 노숙자가 혀를 쯧쯧 찬다는 건 한심하다는 거야. 그렇게 수정해줘.

죄송합니다. 이해를 잘못하고 있었습니다. 노숙자는 혀를 차며 한심하게 생각하며 웃음을 짓는다는 내용으로 수정해드리겠습니다.

아니, 웃음을 짓는다는 걸 빼고 한심하다는 걸로 바꿔달라고.

죄송합니다. 잘못 이해한 것 같습니다. 노숙자는 혀를 차며 한심하다는 내용으로 수정해드리겠습니다.

👤 그럼 노숙자가 한심해한다는 걸 넣어서 줄거리를 다시 요약해봐.

🤖 이 소설은 사람들이 사는 집이 우주라는 도둑에게 털리는 상황에서 벌어지는 이야기입니다. 사람들은 집을 나가면 우주에게 집을 도둑맞기 때문에 집에서 나가지 않으려고 합니다. 이미 집을 잃어버린 사람들은 돈을 돌려받기 위해 집주인을 찾아가지만, 집주인은 등기부등본상의 주인이 우주라고 말합니다. 이로 인해 사회에 혼란이 생기고, 이미 집을 잃은 사람들은 난리를 치며 혼란스러워합니다. 그러나 15년 차 노숙자는 우주가 있는 하늘을 바라보며 사람들을 한심하게 여깁니다.

이 학생이 한 대화를 살펴보면 소설을 얼마나 잘 이해하고 있는지 알 수 있다. 집이 있는 사람들이 우주에게 집을 빼앗겨 혼란을 겪고 있을 때 노숙자는 집이 없기에 이 사회 혼란을 객관적으로 바라볼 수 있는 존재다. 그런 노숙자가 혀를 찬다는 건 집에 집착하는 사람들을 한심하게 생각한다는 의미임을 알고 있었기에 챗GPT의 답변을 정정해준 것이다.

그러나 소설의 줄거리를 챗GPT에게 제대로 학습시키지 못하는 학생들도 보였다. 잘못된 정보에 기초하면 학생들의 의도대로 소설이 재구성될 수 없겠다는 생각이 들어 급히 모

사실이 아닌 걸 사실처럼 말한다면

둠을 구성했다. 같은 소설을 선택한 학생끼리 모둠을 만들고, 챗GPT가 요약한 줄거리를 공유하며 정확하게 소설의 줄거리를 학습시킬 수 있도록 했다. 그렇게 학생들 사이를 거닐면서 살피고 다니는데 한 학생이 다른 친구에게 "야, 네 동생한테 가르치듯이 하라고"라며 핀잔을 주는 게 보였다.

"쌤, 얘가요, 줄거리 복붙해서 요약하라고 시켜놓고 '아니 다시 해'만 반복하잖아요. 좀 친절하게 자세히 질문하면 되는데."

"친구가 챗GPT에 질문을 자세히 쓰지 않았다는 말이구나. 어떻게 써야 친절한 건데?"

"그게요, 이게 틀렸으면 틀린 걸 적으면서 이 부분이 틀렸으니까 이렇게 이렇게 고쳐달라고 써주면 돼요."

"그래? 그럼 이 친구한테 시범을 보여줘."

"야, 그니까 이렇게 하라고."

자기 크롬북을 보여주며 챗GPT에게 질문하는 방법을 알려주는 학생의 모습을 보니, 챗GPT를 대할 때 아직 모르는 것이 많은 동생을 대하듯 하면 되겠다는 생각이 들었다. 챗GPT가 마치 모든 것을 다 알고 있으니 그 답변이 다 맞을 거라는 생각은 버리고 동생에게 가르치듯, 동생에게 말을 하듯 챗GPT를 다루면 도구로서 훌륭하게 사용할 수 있을 것이다.

좋은 질문이 좋은 결과물을 만든다
[4차시] 소설 줄거리 재구성하기

챗GPT에게 원작의 줄거리를 완벽하게 학습시킨 뒤, 수행평가에서 학생이 써낸 작품 재구성 의도와 원작과의 차이점 세 가지를 챗GPT에게 알려주면서 새로운 줄거리를 만들어보라고 했다. 시간을 주자마자 질문을 마구 입력하던 학생들이 "쌤, 얘 딴 얘기 하는데요?"라는 말들을 했다. 대화창을 보니 아무 설명 없이 자신의 의도를 적고 '소설을 써줘'라고 하거나, '세 가지를 바꿔서 소설을 만들어줘'라고 입력한 상태였다.

아뿔싸, 질문의 중요성을 강조하지 않았다! 개떡같이 쓰고 챗GPT에게 고쳐달라고 하면 또 다른 개떡이 나온다. 찰떡같이 써야 챗GPT도 찰떡같이 고쳐준다. 결국 요청하는 사람의 질문 능력이 중요하다는 말이다. 학생들에게 자신의 의도대로 답변이 나오게 하려면 어떻게 하면 좋을지 물었더니, 챗GPT에게 원하는 것을 명확하게 써야 한다고 했다. 그래, 그거지. 그럼 어떻게 쓰면 좋을지 함께 틀을 만들었다.

1. 챗GPT가 요약한 원작의 줄거리를 붙여 넣기

사실이 아닌 걸 사실처럼 말한다면

2. 자신의 재구성 의도와 원작과의 차이점을 넣어 질문하기

이게 원작의 줄거리야. 이 줄거리를 기본으로 하되, 아래 조건을 고려해서 소설을 재구성한 뒤 줄거리를 알려줘. 아래부터는 조건이야.

3. 자신이 설정한 원작과의 차이점 세 가지 쓰기

① 이 소설의 주제를 ~~~

② 주인공을 ○○에서 ##으로 바꾸기

③ 시대 배경을 ~~~

이렇게 틀거리를 만들어 질문을 입력하니 그제서야 원하는 답들이 나왔는지 다들 '아하' 했다. 학생들이 재구성한 결과물을 구글 독스(Docs)로 받았다. 과연 어떤 글들이 나올까. 두근거리는 마음을 안고 원작의 줄거리와 수행평가 때 학생이 작성한 재구성 줄거리, 챗GPT가 쓴 줄거리를 비교해본다.

먼저 〈노인을 위한 나라는 없다〉[4]를 선택한 B 학생의 활동이다. B 학생은 원작의 줄거리를 다음과 같이 정리했다.

2033년 정부가 '노인 안전을 위한 특별 관리법'이라는 일명 '노인 구속법'을 만들어 80세 이상의 노인들을 특별 시설로 강제 입주를 시키기 시작했다. 그리고 이 작품의 주인 공인 김 노인은 어느덧 군대와의 대치를 시작한 지도 61일 째가 되었다. 김 노인은 정부의 지침에 따르지 않고 무력 으로 맞서 싸우는 것을 선택하였고 그리하였다. 그러던 도 중 군대가 김 노인에게 다가왔고 김 노인은 총을 견착하여 방아쇠를 당겼다. 하지만 그 대상은 총을 맞은 군인이 아 닌 안마봉을 맞은 아들이었다. 그렇다. 이 모든 것은 치매 에 걸린 김 노인의 망상으로 현실 속에선 일어나지 않고 있 는 일이었다. 며느리는 이러한 시아버지를 보고 제발 정신 좀 차리라며 소리를 친다. 그날 밤 빛이 새어나오는 문틈으 로 들려오는 소리, 김 노인의 현재 상태를 보아 이젠 요양 원으로 보내야 할 것 같다는 아들과 며느리의 대화였다. 김 노인은 또다시 손의 안마봉(총)을 꼭 쥐었고, '시설'(요양원) 로 끌려가지 않기 위해 내일도 군대(아들과 며느리)에게 맞 서 싸우기로 결심을 하며 이 작품은 끝이 난다.

B 학생은 이 소설을 '노인을 불필요한 존재로 여기지 않고 공존하기'라는 의도로 재구성하겠다며 '주인공을 김 노인에 서 며느리로 바꾸기, 며느리의 지인들은 노인을 불필요한 존 재로 생각하기, 며느리는 노인을 불필요한 존재로 생각했던

자신을 반성하기'의 세 가지를 바꿔보겠다고 했다. 이를 반영해 B 학생이 쓴 줄거리는 다음과 같다.

며느리가 김 노인과 함께 산 지도 어느덧 3개월이 다 되어간다. 치매에 걸린 시아버지 김 노인은 현재 집에서 요양 중이다. 처음엔 경미한 증상을 보이던 김 노인의 병세가 나날이 악화되어 며느리도 점점 버티기 힘들어지자, 김 노인의 아들이자 자신의 남편인 김 씨에게 김 노인을 요양원으로 보내는 게 어떻겠냐는 말을 꺼내게 된다. 하지만 김 씨는 아내에게 어떻게 그런 생각을 할 수가 있냐며 버럭 화를 낸다. 하루는 며느리가 지인들을 만났을 때였다. 지인들은 며느리에게 왜 아직도 요양원으로 보내지 않고 있냐며, 집에서 요양해봤자 도움이 되는 것도 없는데 무얼하냐며 말을 하게 된다. 하지만 며느리는 그 말에 아무런 대답도 하지 못한 채 집으로 돌아와 아까 지인들이 한 말을 곱씹어본다. 과연 김 노인뿐만이 아니라 이 세상 모든 노인들이 세상에 필요 없는 존재인 것이 맞을까, 우리의 편견이진 않을까. 이러한 사회적 분위기를 바꾸려면 나부터 노력해야 하지 않을까라고 생각하며, 김 노인을 자신을 힘들게 하는 불필요한 존재로 여기고 요양원으로 보내려고 했었던 과거 자신의 행동을 반성하며 이야기는 끝이 난다.

'노인과의 공존'이라는 학생의 재구성 의도는 세대 차이 문제나 노인 혐오를 벗어날 수 있는 좋은 의도라고 생각했다. 그래서 이 학생이 재구성한 작품을 기대했는데, 아쉬웠다. 노인을 요양원에 보내려고 했던 며느리가 자신의 행동을 반성하게 되는 계기가 부족했기 때문이다. 그래서 챗GPT와 협력하면 B 학생의 의도를 잘 살린 작품이 탄생할 수도 있겠다 싶었는데, 또 아쉬웠다. B 학생과 챗GPT와의 대화를 살펴보니 깊이 있는 질문이 이루어지지 않았다.

B 학생은 자신이 바꾸겠다고 한 세 가지를 챗GPT에게 알려주고 소설을 재구성해달라고 했다. 그러자 챗GPT는 아래처럼 답을 해줬다.

1. 주인공을 김 노인에서 며느리로 바꾸어줍니다.
메인 캐릭터의 성격, 배경, 대화 등 모든 부분을 며느리로 바꿔주어야 합니다.

2. 노인을 필요 없는 존재로 여기는 사회적 관점을 반영해줍니다.

사실이 아닌 걸 사실처럼 말한다면

며느리는 김 노인과의 대화를 통해서 노인들이 사회로부터 배제되고 있음을 느끼며, 그들을 위해 새로운 사회적 모델을 찾아 나서기로 결심합니다. 이를 통해 노인에 대한 인식을 바꾸어가는 과정을 보여줍니다.

3. 며느리가 김 노인을 이해하면서 끝나는 해피엔딩으로 만들어줍니다.
며느리는 김 노인의 상황을 이해하고, 그의 마음을 따뜻하게 안아줍니다. 이를 통해 노인과 가족과의 소통과 이해를 강조합니다.

이렇게 변경된 소설을 통해, 노인과 가족 간의 소통과 이해, 그리고 사회적 관점에서의 노인 문제를 다루어 보다 긍정적인 메시지를 전달할 수 있을 것입니다.

이런 답변을 받았다면 B 학생은 다시 챗GPT에게 질문을 했어야 했다. 며느리가 김 노인과 어떤 대화를 했기에 노인들이 사회에서 배제되고 있다고 느낄 수 있었는지, 새로운 사회적 모델이 무엇인지에 대해서 말이다. 하지만 B 학생은 자기 의도가 제대로 반영되었냐고만 물었고, 챗GPT가 그렇다고 답하자 활동을 끝냈다. 챗GPT의 답변에 의심을 품지 않은 것이다.

이런 문제점은 어떻게 해결할 수 있을까? 챗GPT와의 모든 대화를 교사가 살필 수는 없다. 그러니 동료를 활용해야 한다. 같은 작품을 선택한 학생끼리 모둠을 구성해 챗GPT와의 대화 내용을 피드백하는 시간이 있어야 했다. 학생들이 서로 질문을 봐주고 챗GPT의 답변이 타당한지를 살펴 질문을 추가하는 활동이 필요했다. 다시 수업을 한다면 모둠 활동을 더해 수준 있는 창작물을 얻을 수 있도록 하고 싶다.

이에 비해 깊이 있는 질문으로 그럴듯한 소설을 챗GPT와 함께 창작해낸 학생도 있다. 〈오늘 같은 날〉[5]을 선택한 C 학생이다. C 학생은 원작의 줄거리를 다음과 같이 정리했다.

> 유전적으로 키가 작은 김규환. 키 때문에 좋아하는 김시연의 앞에서도 당당할 수 없다. 그런 규환을 놀리듯 항상 시비를 거는, 키가 크고 잘생긴 박도기. 키는 작지만 성장판 자극을 위해 어렸을 때부터 농구를 해온 규환은 도기의 도발로 일대일 농구 시합을 하게 된다. 한편 작은 키와 어린아이 같이 잘 웃는 탓에 항상 눈에 띄는 규환의 할머니. 반려 고슴도치 도도를 데리고 산책을 간다. 규환과 도기는 농구 시합을 위해 공원으로 향했고, 친구와 놀던 김시연과 마주쳤다. 키만으로 압도당하는 느낌에 망신이라고 생각했지만 농구 고수인 규환은 도기를 가볍게 이겨주고 시연의 앞에

사실이 아닌 걸 사실처럼 말한다면

서 오랜만에 당당한데… 멀리서 보이는 할머니와 도도. 시
연은 고슴도치를 구경하러 가고 도기는 '난쟁이 할머니'라
며 규환의 할머니에 대해 생각 없는 발언을 내뱉는다. 결국
그 '난쟁이 할머니'가 규환의 할머니라는 것을 알게 된 도기
와 시연. 규환은 그대로 할머니의 반대 방향으로 걸어간다.
규환은 할머니를 외면하는 자기 자신에게 부끄러움을 느끼
고 그때 시연이가 규환을 부른다.

　C 학생은 '아무리 잘난 사람이라도 저마다 고민과 콤플렉
스가 있으며 그걸 이겨내는 것뿐이지 처음부터 무결점한 사
람은 없다'라는 의도로 소설을 재구성하고자 했다. 그러면서
'김시연과 박도기의 어린 시절을 추가하기, 김시연과 김규환
이 서로의 결점을 보듬어주며 성장하기, 할머니가 고슴도치
도도를 왜 아끼는지에 대한 이야기 추가하기'의 세 가지를 바
꾸고 싶다고 했다. 다음은 학생이 재구성한 소설 줄거리다.

　유전적으로 키가 작은 김규환. 키 때문에 좋아하는 여사친
김시연의 앞에서도 당당할 수 없다. 그런 규환을 놀리듯 항
상 시비를 거는 박도기. 규환은 얼굴은 반반하게 생겨서 밥
먹듯이 시비를 거는 박도기가 이해가 안 간다. 도기는 사실

어렸을 때 잘생긴 외모로 많은 주목을 받았다. 그만큼 사람들의 비교도 질타도 많이 받았는데, 비교와 질타 섞인 말들에 두려움을 느끼고 마음의 문을 닫아버린 도기의 꼬인 마음은 공격적인 시비로 표출되게 된다. 하지만 그런 도기의 옛 사연을 알 수 없었던 규환은 도기를 마냥 나쁘게만 보고 도발에 못 이겨 일대일 농구 시합을 한다. 시연의 앞에서 도기를 가볍게 이겨주고 드디어 당당해지나 했는데, 멀리서 보이는 할머니와 도도. 도기는 그 할머니가 규환의 할머니란 사실을 알 리가 없었고 결국 '난쟁이 할머니', '고슴도치랑 닮았다'는 생각 없는 발언을 내뱉고 만다. 규환은 도기에게 날리려던 주먹을 뒤로 하고 할머니의 반대 방향으로 걸어간다. 할머니가 부끄러운 게 아니라 할머니를 외면하고 도망치는 자신이 부끄러웠던 규환. 그때 김시연이 규환을 부른다.

규환과 시연은 얼떨결에 함께 깊은 속 얘기를 하게 되었고, 너무 잘나 보였던 시연이 규환 덕분에 자신의 콤플렉스를 이겨냈다는 사실을 알게 되었다. 사실 시연은 희귀병을 앓고 있었는데 주변 친구들에게 들키면 따돌림을 당할까 봐 숨기고 있었다. 그런 시연의 옆에서 키는 작지만 항상 농구반에 출석하며 열심히 운동하는 규환의 모습은 시연의 마음을 움직였다. 몰랐던 마음을 알게 된 두 사람의 관계는 더

사실이 아닌 걸 사실처럼 말한다면

욱 깊어진다. 서로의 콤플렉스를 감싸주고 보듬어준다. 그날 집에 돌아온 규환을 맞이한 할머니. 할머니는 자신의 옛이야기를 들려준다. 부모님이 일찍 돌아가시고 혼자 일을 다 했던 시절. 작은 키로 놀림도, 괴롭힘도 많이 당했지만 살다 보니 그런 건 중요하지 않다고, 스스로 콤플렉스를 이겨내는 것이 진정한 행복이라고 하시는 할머니. 할머니가 콤플렉스를 이겨내는 데는 당시 집에 살았던 강아지가 큰 힘을 줬다. 그래서 도도에게 더 마음이 간다는 할머니. 규환은 깨달음을 얻고 콤플렉스를 극복해나가기로 한다. 그 과정에서 도기와도 관계를 회복한 규환. 더 이상 주눅 들지 않을 거라고 다짐한다. 자신은 시연이 콤플렉스를 이겨내게 한 존재니까. 그렇게 규환은 도기와 시연의 본보기가 된다. 도기, 시연과 놀고 있는 규환. 문득 어두운 시간이었지만 이겨내고 나니 전과는 비교가 안 될 정도로 성장한 자신을 발견하는 규환의 모습으로 이야기는 끝이 난다.

C 학생이 수행평가로 제출한 재구성 줄거리를 읽을 때 청소년 성장소설 한 편을 보는 듯한 느낌을 받았다. 인간은 완벽하지 않다, 누구나 상처를 안고 보듬으며 살아간다는 생각이 학생의 줄거리에 잘 드러나 있었다. 그래서 챗GPT와 협력하

면 어떤 결과물이 나올까 기대했다.

"쌤, 얘 장난 아닌데요?"

C 학생의 반짝이는 눈을 보니 챗GPT의 답변에 꽤 만족하는 듯했다. 크롬북 화면을 살펴보니 이 학생과 챗GPT가 질문과 답을 계속해서 이어나가고 있었다. '김시연과 박도기의 어린 시절을 추가해줘'라고만 하지 않고, '나는 이를 통해 누구나 다 아픔을 가지고 있다는 이야기를 하고 싶어'라는 말을 덧붙여 질문했다. 그랬더니 챗GPT는 순식간에 답변을 했다.

"박도기는 어려서부터 가정 내 폭력으로 상처를 받게 됩니다. 이로 인해 그는 자신의 불안을 타인에게 표출하며 주변 사람을 자주 괴롭히고 시비를 겁니다. 한편, 김시연은 어린 시절 가족의 이혼으로 아픔을 겪었습니다. 그러나 그녀는 이를 극복하며 항상 밝고 긍정적으로 살아가려고 노력합니다."

C 학생의 입이 동그래졌다. 다른 질문도 이어서 했다. 김시연과 김규환이 서로 결점을 보듬는다는 내용을 요구할 때에는 '서로 아픔과 콤플렉스를 겪었지만 그 아픔까지도 사랑하고 보듬어주며 이겨낼 수 있다는 메시지를 전하고 싶어'라는 내용을 추가했다. 챗GPT는 좋은 아이디어라면서 더 자세히 이야기를 만들어냈다. 마지막 질문에서도 '할머니가 고슴도치 도도를 아낀다는 내용을 추가해줘'가 아니라, '할머니가 규

사실이 아닌 걸 사실처럼 말한다면

환에게 옛이야기를 해주며 규환이 큰 깨달음을 얻게 해줘. 할
머니가 힘든 시절을 이겨내는 데 큰 도움이 된 강아지와 도도
가 겹쳐 보여서 도도를 더욱 애정한다는 설정도 추가해줘'라
며 자신이 원하는 것을 명확하게 요구했다. 다음은 챗GPT와
C 학생이 함께 만든 재구성 줄거리다.

이 이야기는 가정 내 폭력과 갈등으로 인한 아픔을 가지고 있
는 박도기와, 가족의 이혼으로 인한 아픔을 겪은 김시연, 그리
고 키가 작아서 자신을 부정하는 콤플렉스를 갖고 있는 김규환
의 이야기를 담고 있습니다.
이들은 서로 다른 아픔과 상처를 가지고 있지만, 서로를 이해
하고 받아들이며 함께 어려움을 극복해나가게 됩니다. 특히 할
머니와 강아지의 이야기를 통해 김규환은 자신의 콤플렉스와
아픔을 받아들이며, 자신과 주변 사람들을 사랑하고 이해하는
것이 얼마나 중요한지를 깨닫게 됩니다.
이 이야기는 모든 사람들이 어떤 형태로든 아픔과 상처를 가지
고 있지만 그것을 사랑하고 받아들일 수 있다는 메시지를 전달
합니다. 또한 자신과 주변의 사람들을 이해하고 배려하는 것이
얼마나 중요한지를 보여줍니다. 이러한 메시지를 통해 이 이야
기는 독자들에게 위로와 용기를 줄 수 있습니다.

　C 학생이 재구성한 줄거리와 비교하면 오히려 다소 밋밋
한 느낌이다.

"챗GPT가 만들어낸 거 어때?"

"쌤, 저는요 시연이가 희귀병을 앓아서 콤플렉스를 가진 걸로 했는데요, 얘는 이혼 가정의 아픔을 가진 걸로 설정해줘서 놀랐어요. 이게 훨씬 더 리얼하잖아요!"

인공지능이 만든 내용이 더 리얼하다니! 참 아이러니하다. 학생이 이렇게 느낀 이유는 무엇일까? 바로 챗GPT에게 구체적이고 정확하게 요구했기 때문이다. 수박 겉핥기식으로 질문하지 않고 자세히 설명했기에 그럴듯한 이야기를 만들어냈다.

"그래? 그럼 네가 수행평가에 써낸 것보다 이게 더 좋아?"

"아니, 그건 좀…. 이걸 소설로 보기는 힘든 것 같아요. 얘랑 얘기하면서 아이디어만 얻고 제가 보완하면 더 좋은 게 나올 것 같은데요?"

그렇구나. 그럼 우리 이제 소설을 써볼까?

완전히 새로운 스토리를 생성해보자
[5차시] 소설 창작에 필요한 아이디어 얻기

챗GPT와 대화할 때 사실이 아닌 걸 사실처럼 말한다

사실이 아닌 걸 사실처럼 말한다면

고 많은 학생들이 이야기했다. 거짓말인데 마치 사실처럼 꾸며 내는 것. 그게 바로 창작 아닌가? 그래서 챗GPT와 협업해 문학작품을 창작해보면 좋겠다는 생각이 들었다. 그러나 1학기 말, 시간은 부족하고 학생들은 의욕이 없다. 그래서 맛보기 창작으로 시도한 것이, 수행평가에서 골랐던 단편소설을 완전히 새로운 이야기로 만드는 데 챗GPT를 활용하는 것이었다.

챗GPT에게 다시 원작의 줄거리를 학습시키고, 원작을 새로 쓴다면 무엇을 바꾸면 좋을지 챗GPT에게 물어서 아이디어를 얻어보라고 했다. 열심히 자판을 누르는 학생들. '우와'와 '에이'가 여기저기서 터져 나왔다.

"왜 그렇게 실망하는데?"

"아니 있잖아요, 제가 아이디어를 달라고 했더니 순식간에 와다다다 나오는 거예요. 그래서 '어쭈'라고 생각했는데 얘가 해준 거 읽어보니까 별 게 없잖아요."

학생이 가리킨 화면을 보니 '시대 배경을 바꿔라, 결말을 바꿔라, 새로운 인물을 추가해라'처럼 다양한 방법만을 나열하고 있었다.

"여기서 네 맘에 드는 거 없어? 그걸 더 자세하게 물어봐."

"결말 바꾸는 걸로 물어볼게요."

챗GPT에게 더 집요하게 질문을 해야 하는데 챗GPT의 답변에 실망만 하고 있는 학생. 새로운 소설에 필요한 아이디어만 얻는 게 아니라 실제로 소설 창작까지 해보는 긴 호흡의 수업이었다면 좀 더 풍성한 질문이 나왔을 것이다.

아무튼 작은 키가 콤플렉스인 김규환이 농구 대회에 참가하면서 자신의 결점을 극복한다거나, 우주에게 집을 빼앗긴 가족이 이를 극복하면서 똘똘 뭉치는 것으로 가족의 중요성을 강조하는 등 챗GPT가 내놓은 아이디어에 만족한다는 학생들이 많았다. 그러다가 수업이 마무리될 무렵이었다.

"야! 이거 니다, 니." 큭큭 웃어대는 학생들.

"무슨 일인데?"

"쌤, 애들이 저 놀려요"라며 친구의 크롬북을 빼앗아 나에게 보여주는 D. 내가 하라는 활동은 하지 않고 남학생 D와 여학생 E의 이름을 넣고 'D와 E는 썸을 탄다, 스터디 카페에서 같이 공부를 하고 함께 마라탕을 먹었다, 그런데 E는 D에게 사실 나는 너를 좋아하지 않는다고 말하는 내용을 넣어 소설을 써줘'라며 챗GPT와 소설을 만들고 있었다. 역시 중학생들에겐 썸 타는 내용이 있어야 하는구나!

"쌤, 이건 소설인데 D가 자꾸 지 얘기래요"라며 소설을 만들던 학생이 얘기했다.

"애들아, 방금 이게 소설이래. 그럼 이거 책으로 나오면 사

사실이 아닌 걸 사실처럼 말한다면

서 읽을 거야?"

대부분의 학생들은 사지 않을 거라고 했다.

"쌤, 얘가 쓴 거는 소설이 아니라 기사 같아요. 재미도 없고 감동도 없어요."

"맞아요, 뭔가 딱딱해요."

"아, 그러면 앞으로 기자는 없어지겠네요. 기사처럼 사실적인 글은 챗GPT가 쓰고 소설 같은 건 우리가 얘한테 아이디어를 얻기만 하고 사람이 쓰면 되겠는데요?"

그래. 아직 생성형 AI 기술은 완벽하지 않아서 챗GPT가 소설이라고 쓴 내용이 소설처럼 느껴지지 않는다. 하지만 그럴듯한 이야기다. 창작 특히 소설은 거짓말을 그럴싸하게 만드는 것이니, 소설을 어떻게 써야 할지 잘 몰라서 답답할 때 챗GPT가 새로운 길을 열어줄지도 모른다.

그런데 이거 표절 아닐까? 사실 챗GPT를 공부하는 교사 모임에서 계속 나왔던 이야기다. 인터넷에 있는 방대한 양의 자료를 챗GPT가 학습했다는데 그중 일부를 가져와서 글을 쓰는 건 윤리적인 문제가 있지 않을까. 다들 고민에 빠진 찰나, 한 선생님께서 하신 말씀이 인상적이었다.

"챗GPT가 한 답변을 그대로 사용하면 문제가 되겠지만 참고하는 건 괜찮지 않을까요? 우리가 어떤 글을 쓸 때, 그 내용이 온전히 나 혼자서만 만들어낸 내용은 아니지 않나요? 책에서 읽었거나 영화에서 봤거나 누구에게 들었거나, 그런 것들을 내 머릿속에서 조합해서 새로운 내용을 만드는 거 아닐까요?"

그렇다. 챗GPT의 답변을 그대로 쓴다면 윤리적인 문제가 생길 수 있다. 하지만 학생들의 말처럼 챗GPT의 아이디어를 참고해서 살을 붙이고 색을 입힌다면 사람이 쓴 또 하나의 창작물이 되지 않을까.

다른 배움의 근육이 필요하다
웹툰 스토리텔링부터 읽기·쓰기 동시 학습까지

학생들과 함께한 짧은 챗GPT 수업이 끝났다. 그 과정에서 평소 국어 수업에 흥미가 없던 학생들의 새로운 모습을 볼 수 있었다. 그림 그리기가 취미인 한 학생은, 자기가 그려놓은 웹툰 주인공들이 있는데 그 스토리를 구상해봤다며 쉬는 시간에 자신의 크롬북을 보여줬다. 아니, 하라는 건 안 하고 이걸 했단 말이야? 혼을 내려다가 대화창을 봤더니 꽤 진지하고 그럴듯한 이야기를 만들어가고 있었다.

사실이 아닌 걸 사실처럼 말한다면

"쌤, 제가 그림은 되는데 이야기가 안 됐거든요. 그래서 웹툰 스토리 작가를 나중에 구해야 되나 싶었는데 얘랑 하면 되겠는데요? 신기해요. 생각하지 못한 걸 딱 찍어서 이야기를 해주니까 되게 괜찮은 것 같아요."

챗GPT를 사용하면 창작의 물꼬를 터줄 새로운 아이디어를 만날 수 있다. 소설 창작 수업을 제대로 한다면 정말 큰 도움이 되겠다는 생각이 들었다.

학생들의 활동을 살피다가 또 한 가지 신기한 것을 발견했다. 읽기와 쓰기가 거의 동시에 일어나는 것이다! 대개 학생들이 어떤 글을 쓰기 위해서는 먼저 쓸 내용부터 마련해야 했다. 그래서 신문 기사나 책, 구글이나 유튜브에서 검색한 것을 읽고, 할 이야기를 간추린 후 글쓰기에 들어갔다. 그런데 챗GPT를 활용하니 이야기하고 싶은 내용을 챗GPT가 먼저 쓰게 한 다음, 챗GPT의 답변을 읽고 취사선택해서 다시 쓰는 과정이 거의 동시에 이루어질 수 있었다. 전통적인 교육에서는 읽고 이해한 후에야 쓰기가 가능하다고 생각했지만, 이제 이해와 표현이 동시에 일어나거나 어쩌면 표현이 먼저 나오기도 한다. 챗GPT라는 도구를 사용하면서 말이다.

이 도구의 효용은 '챗GPT에게 어떻게 질문하는지'에 달려 있다. 맥락을 파악하고 비판적으로 이해하며 자신의 의도를 적확한 언어로 설명하는 힘. 생각해보면 종이 신문과 책에서 자료를 찾을 때나 유튜브에서 근거를 수집할 때에도 이 힘은 필요했다. 그렇다면 결국 시대가 어떻게 변해도, 도구가 아무리 발전해도, 국어 수업에서 학생들이 길러야 할 것은 변하지 않는 게 아닐까?

챗GPT를 사용하면 학생들이 전혀 생각하지 않을 거라고, 배우는 것이 하나도 없을 거라고 말하는 사람들이 있다. 그 말은 틀렸다. 챗GPT를 사용하면 이전과는 다른 방향으로 생각하고 배운다. 챗GPT와 대화하는 과정에서 자신의 생각을 더욱 정교한 언어로 표현할 수 있고, 자료를 찾느라 헤매는 시간을 획기적으로 줄여 그 자료의 타당성을 비판적으로 보게 된다. 챗GPT의 등장으로 이전과는 다른 근육들이 필요해진 것이다. 이 힘과 근육을 길러주는 것, 이것이 국어 수업이 가야 할 방향이 아닐까.

막을 수 없다면, 정면으로 부딪치기

올 여름, 중학교 1학년 방학 과제로 '제시한 성장소설 중 한 권을 읽고 각자 원하는 방식대로 정리해오기'를 내줬다.

사실이 아닌 걸 사실처럼 말한다면

몇몇 학생들이 "챗GPT한테 시키면 되겠다", "아냐, 바드가 더 괜찮아"라고 자기들끼리 이야기를 했다. 중1인데도 챗GPT 같은 도구를 이미 알고 써본 것이다. 챗GPT의 사용을 막을 수 없다면, 그렇다면, 미리 해보자. 학생들이 어둠의 영역에서 몰래 활용하면서 마치 하지 말아야 할 일을 하는 것처럼 느끼지 않도록, 내 수업에서 정면으로 제대로 부딪쳐보자!

그래서 2학기에는 중학교 1학년을 대상으로 '챗GPT 활용 경험 발표하기' 수행평가를 준비 중이다. 챗GPT를 과제, 문학작품 창작, 영어 공부 등 다방면으로 활용해보고, 자신의 경험을 성찰하면서 앞으로 어떻게 활용해야 하는지 제언까지 하는 수행평가다. '챗GPT를 이렇게 활용하세요'로 학생들을 이끄는 것이 아니라, 학생들이 직접 몸으로 부딪혀 깨달은 소중한 경험을 듣고 싶다. 청소년이 챗GPT를 사용하려면 보호자의 동의를 받고 교사의 안내에 따라 올바른 방법으로 사용해야 하기에 미리 가정통신문을 보낼 예정이다. 물론 챗GPT로 써서 말이다. 학생들에게 가정통신문을 나눠주면서 이것을 챗GPT와 함께 썼다고 하면 어떻게 받아들일까?

사실 방학 과제에 챗GPT를 사용하는 학생이 있으리라 생각해 2022~2023년에 출간된 성장소설들만 제시했다. 챗GPT가 2021년까지의 정보만 학습한 건 몰랐지? 하하. 그래도 생성형 AI 도구를 사용해서 과제를 해보려고 시도하는 학생들이 많았으면 좋겠다. 챗GPT로 소설 줄거리 요약이 잘 되지 않는 경험이 있어야 '챗GPT 활용 경험 발표하기' 수행평가에 더욱 관심을 갖게 될 테니까.

학생들이 어떤 이야기를 풀어낼지 기대되면서도 긴장이 된다. 학생들도, 나도 해보지 않은 수업이니까. 경험해보지 않은 길을 가는 것이니까. 과학기술이 점점 더 발전하면서 더욱 다양한 도구들이 우리 앞에 놓일 것이다. 그래서 앞으로 이런 상황은 더 많이, 더 자주 일어날 것이다. 그때도 지금처럼 학생들과 함께 일단 한번 부딪쳐보는 거다.

　　　　　　　　　　　사실이 아닌 걸 사실처럼 말한다면

챗GPT가
만든 시는
문학작품일까?

문학으로
'보이는' 문학,

질문들의
연쇄로 탐구하는
문학의 조건

조인혜
능곡고등학교

가장 서정적인 문학, 시

챗GPT가 만든 글을 문학작품으로 볼 수 있을까? 사실 이 질문은 챗GPT가 시나 소설을 쓴다는 이야기를 접했을 때 가장 먼저 떠올랐다. 대개 창의성이나 정신적 영역과 관련된 부분은 인공지능의 영향이 가장 늦게 미치게 될, 인간 고유의 영역이라고 생각해오지 않았나? 그런 점에서 인간의 주관과 정서, 창의성을 모두 담고 있는 문학은 인공지능의 영향에서 가장 안전할 것이라 생각했다. 그런데 챗GPT가 시나 소설을 쓴다니, 그 글을 과연 문학작품으로 볼 수 있을지, 그리고 챗GPT를 작가로 인정할 수 있을지 의문이 일었다. 게다가 이로 인해 생계에 영향을 받는 작가 집단이 생겨나고 있을 뿐만 아니라, 챗GPT의 글쓰기가 작가와 독자 모두에게 영향을 미치기 시작했다는 점에서 깊이 고민해봐야 할 문제로 보였다.[1]

그때 나는 고등학교 2학년 아이들과 문학을 공부하고 있었다. 아이들은 '언어를 매개로 한 예술'로서 문학이 가진 기능과 가치에 대해 공부했고, 시 리라이팅[2] 시간에 직접 자신의 삶이나 좋아하는 것들을 담은 시를 창작해보기도 했다. 그리고 화자를 통해 작가의 생각과 정서를 주관적으로 표현하는 서정 갈래의 특성을 배웠다. 그러다가 이 갈래 중 작가의 주관적인 정서가 가장 직접적으로 잘 드러나는 '시'를 가지고 '문학'의 의미와 챗GPT, 그리고 챗GPT를 제대로 활용하기 위한 질문법을 연계하는 수업을 해봐야겠다는 생각이 들었다.

챗GPT에게 물었더니…
"시적으로 보이는 텍스트를 생성합니다"

수업 설계를 하기 전에 내가 먼저 챗GPT에 대해 알아보기로 했다. 챗GPT와 관련된 세 권의 책을 읽고, 챗GPT 사이트에 회원 가입을 한 뒤 궁금했던 질문들을 던졌다. 다음은 시를 창작하는 원리를 설명해달라는 내 질문에 대한 답변의 일부다.

> 중요한 것은 챗GPT는 시를 창조할 수 있지만, 그것의 창조성은 훈련 데이터로부터 배운 것에 국한된다는 것입니다. 그것은 감정이나 의식을 가지고 있지 않고 사랑이나 아름다움과 같은 추상적인 개념에 대한 개인적인 이해를 가지고 있지 않습니다. 그것은 훈련 데이터에 존재하는 패턴과 정보에 의존하여 시적으로 보이는 텍스트를 생성합니다. 그것이 만들어내는 시의 질은 다양할 수 있고, 인간 시인들은 챗GPT 모델처럼 완벽하게 복제할 수 없는 감정의 깊이, 개인적인 감성과 같은 예술적인 감성을 가져다줄 수 없는 개인적인 시도를 요구할 수 없습니다.

챗GPT의 설명처럼, 챗GPT는 시나 소설과 같은 글을 쓸 수는 있지만 어떤 감정이나 의식, 추상적 개념에 대한 개인적인 이해를 바탕으로 글을 쓰는 것이 아니라, 이미 데이터화된 수많은 작품으로부터 패턴과 정보를 받아 '시적으로 보이는' 텍스트를 생성한다. 그런데 챗GPT가 생성한 '시적으로 보이는' 텍스트를 독자들이 '시'라고 받아들인다면, 이것은 '시'라고 봐야 할까? 나는 아이들과 이에 대한 이야기를 나눠보고 싶었다. 그래서 챗GPT에게, 이별에 대한 시를 한 편 써달라고 했다.

 이별에 대한 시를 써보세요.

물론입니다. 이별에 관한 시는 다음과 같습니다.

우리의 끝

우리는 조용히 서서 얼굴을 맞대고, 말하지 않은 말, 마지막 포옹을 했습니다. 우리가 나누었던 사랑, 이제는 깨진 유리, 이제 우리가 가졌던 것에 대한 기억.

하늘에서 내리는 비처럼 그들이 흘린 눈물, 내면의 고통, 우리는 감출 수 없었습니다. 한때 온전했던 우리 마음은 이제 찢어졌고, 우리의 끝은 상한 마음입니다.

우리는 모든 것을 고치고, 바로잡으려고, 과거의 결점을 보고, 꽉 붙잡으려고 노력했습니다. 하지만 커진 균열을 우리는 부정할 수 없었고, 우리가 가졌던 사랑은 이제 시들어버렸습니다.

우리가 계획했던 미래는 이제 지나간 꿈, 희망과 꿈은 속삭이는 한숨뿐이다. 한때 순수하고 진실했던 우리가 나눈 사랑은 이제 우리가 알고 있던 것에 대한 추억일 뿐입니다.

챗GPT가 만든 시는 문학작품일까?

하지만 인생은 계속됩니다. 우리도 힘을 찾아 새로 시작해야 합니다. 상처가 남아 있고 고통이 지속되더라도 우리는 다시 한 번 사랑할 용기를 찾을 것입니다.

결국 우리는 빛을 보게 될 것입니다. 사랑할 기회, 꽉 붙잡을 기회. 우리의 종말은 고통스러운 대가이지만, 새로운 시작은 우리를 온전하게 만들 수 있습니다.

표현법과 함축성을 더한다면 더욱 시처럼 느껴질 것 같아 추가적으로 비유와 상징을 사용해 고쳐달라고 했다.

👤 이별에 대한 시를 써보세요. 비유와 상징을 사용하여 글을 쓰세요.

⊛ 물론입니다. 비유와 상징을 사용하여 이별에 관한 시는 다음과 같습니다.

시드는 장미

우리의 사랑은 피어난 장미 같았고, 꽃잎은 부드럽고, 향기로운 방이었습니다. 그러나 시간이 흐르고 꽃잎은 떨어지고, 아름다움은 시들고, 시들고, 껍질이 됩니다.

우리의 사랑은 날아가는 새와 같았고, 높이 치솟았고, 두려움 없는 광경이었습니다. 그러나 바람은 변했고, 날개는 무너졌습니다. 은혜로부터의 추락, 극심한 실망이었습니다.

우리의 사랑은 성난 바다 같았고, 맹렬한 열정, 운명이었습니다. 그러나 조수는 방향을 바꿨고 파도는 고요해졌습니다. 조용한 끝, 채워야 할 공허함.

우리의 사랑은 깜빡이는 불꽃 같았고, 빛나는 따뜻함이었고, 타오르는 이름이었습니다. 그러나 연료는 줄어들고 불꽃이 꺼졌습니다. 외로운 어둠, 조용한 외침.

우리의 사랑은 너무 달콤했던 꿈 같았고, 동화 같았고, 완벽한 위업이었습니다. 그러나 현실은 우리를 깨웠다. 쓰라린 진실, 깨진 컵.

이제 추억이 내 마음을 괴롭힌다. 시드는 장미, 갇힌 새, 고요한 바다, 사라진 불꽃, 산산이 부서진 꿈, 끝난 사랑.

너무 많은 비유의 나열이라 조악해 보이기도 했지만, 이 시를 조금 다듬어서 아이들에게 보여주기로 했다. 아이들은 지금까지 배웠던 문학과 작품들에 대한 학습을 바탕으로, '챗

GPT가 만든 글을 문학작품으로 볼 수 있을까?'라는 질문에 어떤 생각을 하게 될까. 이 질문에 대해 고민하고 근거를 찾아나가는 과정이야말로 챗GPT 시대에 문학을 어떻게 정의내릴 수 있는지, 인공지능과 인간은 어떻게 다른지, 무엇이 인간을 인간이게 만드는지 생각해보는 기회가 될 수 있을 것 같았다.

더불어 챗GPT를 통해 내가 원하는 답변을 얻기 위해서는 어떤 질문을 해야 하고, 후속 질문들을 어떻게 이어나가면서 원하는 정보를 찾을 수 있을지 생각하고 실행해볼 수 있었으면 했다. 그래서 핵심 질문과 이에 대한 수렴적·발산적 질문을 통해 여러 답변들을 찾아보고, 이 중 자신의 생각을 뒷받침할 수 있는 근거를 선별해 자신만의 이유를 써보도록 수업을 설계했다.

인간 시인 vs. 챗GPT
[1차시] 한용운 〈거짓 이별〉, 챗GPT 〈시들어버린 장미〉 비교 분석하기

그동안 4차시에 걸쳐 아이들은 고전 시가부터 현대

시까지 대표적인 서정 갈래 작품들을 학습했다. 각 시에서 누가 말하고 있고, 어떤 상황에 놓여 있는지, 무슨 말을 하고 싶은지를 생각해보고, 어떤 표현 방법을 사용해 화자의 감정과 생각을 더 효과적으로 드러내고 있는지도 알아봤다. 또한 수행평가로 '시 비평문 쓰기'를 하면서 작품을 내외적 관점으로 분석해보는 연습도 되어 있었다. 이제 아이들에게 챗GPT가 쓴 시를 슬쩍 소개해도 좋겠다는 생각이 들었다.

챗GPT가 비유와 상징을 넣어 만든 이별 시를 조금 다듬어서 활동지에 실었다. 제목은 〈시들어버린 장미〉. 이 시와 함께 한용운의 〈거짓 이별〉이라는 시를 선택해서 두 작품을 비교해보는 활동지를 만들었다. 두 작품의 작가와 제목에 대한 정보는 모두 제시하지 않았다.

스스로 각 작품을 분석해보도록 하고, 문학을 문학으로 만드는 요소에는 독자의 영향도 있음을 생각해보게 하기 위해 두 시 중 더 마음에 드는 시를 선택해서 이유를 써보라고 했다. 아이들은 시를 읽고 짝과 이야기를 나누면서 작가가 누구인지, 제목은 무엇일지 서로 질문을 하기도 하고, 특정 시가 너무 좋다며 친구들에게 말하기도 했다.

1차시 활동지 양식

✦ **다음의 두 작품을 감상하고 비교해봅시다.**

(가)

우리의 사랑은 피어난 장미 같았고, 꽃잎은 부드러웠고, 향기로운 방이었습니다. 그러나 시간이 흐르고 꽃잎이 떨어졌고, 아름다움은 퇴색하고, 시들고, 껍질이 되었습니다.

우리의 사랑은 날아가는 새 같았고, 높이 솟아오르고, 두려움 없는 세상이었습니다. 그러나 바람은 변했고 날개는 길을 잃었습니다.

우리의 사랑은 성난 바다 같았고, 열정은 치열했고, 운명이었습니다. 그러나 조수는 돌았고 파도는 잠잠해졌습니다.

우리의 사랑은 타오르는 불꽃 같았고, 타오르는 따뜻함이었고, 타오르는 이름이었습니다. 그러나 연료가 줄어들고 불꽃이 꺼졌습니다.

우리의 사랑은 너무 달콤한 꿈 같았어요. 하지만 현실은 우리를 깨웠고 쓰라린 진실은 깨진 컵이 되었습니다.

이제 추억은 내 마음을 괴롭힙니다. 시드는 장미, 갇힌 새, 잔잔한 바다, 사라진 불꽃, 부서진 꿈, 끝난 사랑.

(나)

당신과 나와 이별한 때가 언제인지 아십니까.

가령 우리가 좋을 대로 말하는 것과 같이, 거짓 이별이라 할지라도 나의 입술이 당신의 입술에 닿지 못하는 것은 사실입니다.

이 거짓 이별은 언제나 우리에게서 떠날 것인가요.

한 해 두 해 가는 것이 얼마 아니 된다고 할 수가 없습니다.

시들어 가는 두 볼의 도화(桃花)가 무정한 봄바람에 몇 번이나 스쳐서 낙화가 될까요.

회색이 되어 가는 두 귀밑의 푸른 구름이, 쪼이는 가을볕에 얼마나 바래서 백설
(白雪)이 될까요.

머리는 희어 가도 마음은 붉어 갑니다.

피는 식어 가도 눈물은 더워 갑니다.

사랑의 언덕엔 사태가 나도 희망의 바다엔 물결이 뛰놀아요.

이른바 거짓 이별이 언제든지 우리에게서 떠날 줄만은 알아요.

그러나 한 손으로 이별을 가지고 가는 날은 또 한 손으로 죽음을 가지고 와요.

❶ (가)와 (나)의 화자는 누구이고, 어떤 상황에 놓여 있나요? 화자가 어떤 감
정을 느끼고 있고 무엇을 말하고자 하는지 적어보세요.

(가) ....

....

(나) ....

....

❷ 위의 두 시 중에 더 마음에 드는 시는 어떤 것이고, 그 이유는 무엇인가요?

....

....

....

챗GPT가 만든 시는 문학작품일까?

❸ (가) 시의 작가는 (   ), 제목은 (   ), (나) 시의 작가는 (   ), 제목은 (   )입니다. 이 내용을 알고 난 후 어떤 생각이 드나요? 여러분의 생각을 패들렛에 남겨주세요.

- -

- -

충격적인 결과,
챗GPT 시가 더 좋다는 아이들
독자란 무엇이고 문학성이란 무엇인가

두 학급에서 활동지 2번까지 각자 활동을 한 후, 시의 창작자에 대한 정보를 주지 않은 상태에서 (가)와 (나) 중 더 마음에 든 시에 손을 들어보라고 했다. 나는 당연히 문학성이 더 높은 (나)를 선택하는 아이들이 많을 것이라고 예상했다. (가) 시가 너무 유치하고 단순하다고 느껴져서 그걸 선택하는 아이들이 너무 적으면 어쩌나 살짝 걱정이 되기도 했다. 그러면 챗GPT를 다루어볼 다음 수업에 대한 흥미가 떨어질 수도 있을 테니 말이다. '그래도 인공지능이 이 정도면 잘 쓴 거지!'라고 얘기해줘야겠다는 생각도 했다. 하지만 손을 든 아이들의 숫자를 본 결과는 충격적이었다. 두 학급의 50명가량 되는 학생 중 챗GPT가 쓴 (가)가 더 좋다는 비율이 70퍼센트였다.

결과를 보니 양가적인 마음이 들었다. 잠시 후 작가를 밝히고 나면 아이들이 챗GPT에 큰 관심을 보일 것이라는 생각에 기대가 되다가도, 이렇게 많은 아이들이 인간 시인의 작품보다 챗GPT가 쓴 시를 더 좋다고 생각한 이유가 궁금했다. 그리고 뭐라 설명하기 어려운 걱정과 두려움, 위기감 같은 감정이 교차했다.

아이들에게 각자가 선택한 시가 좋았던 이유를 들어봤다 (추후에 제출한 학습지를 통해 아이들의 생각을 더 잘 들여다볼 수 있었다). (가) 시가 더 좋다고 선택한 아이들은 대체로 다음과 같은 이유를 들었다.

사랑과 이별 상황에서 화자가 느끼는 감정의 대비가 확연하게 드러나서 더 좋았다. 비유 등의 표현이 화자의 감정을 더 잘 전달해줬고, 어떤 감정인지 더 쉽게 이해되었다. 직관적으로 쉽게 해석이 가능해서 마음에 들었다.

종합해보면 (가)는 아이들이 이해하기 쉬운 비유, 수식어, 명사형 종결 등의 표현법들이 쓰였고, 이를 통해 화자가 이야기하고자 하는 바와 감정을 이해하기 쉬워서, 더 전달이 잘 되

챗GPT가 만든 시는 문학작품일까?

어서 좋았다는 의견이 많았다. 더불어 (가)와 (나)는 이별을 대하는 태도가 달랐는데, (가) 화자의 태도가 (나)보다 더 공감되고 좋았다는 의견도 많았다.

그에 비해 (나)가 좋았다는 아이들의 경우, 끝까지 사랑하겠다는 화자의 태도가 인상적이었고 공감이 되었다고 했다. 또한 (나) 시는 훨씬 더 오래 생각하면서 그 의미를 파악해봐야만 화자의 섬세한 감정을 느낄 수 있었다는 의견도 있었는데, 이를 근거로 (나)의 문학성을 이야기하며 (가)보다 더 깊이 있는 작품으로 느껴져서 좋았다고 했다.

아이들의 이유를 듣고 두 가지 생각이 떠올랐다. 첫 번째는 독자의 역할에 대한 것이다. 문학을 문학으로 만드는 것은 창작자이지만, 그것을 향유하는 독자가 있어야 작품의 의미는 완성된다. 따라서 문학에서 독자의 존재는 무엇보다 중요하다. 문학 비평의 네 가지 관점 중 하나가 독자의 입장에서 작품을 바라보는 '효용론'이라는 점도 이를 잘 드러낸다. 그래서 50명의 독자 중 70퍼센트 이상이 챗GPT의 글을 더 마음에 들어 하는 상황은, 독자가 이 글을 문학작품으로 판단하고 공감하며 좋아했다는 점에서 의미가 있다고 볼 수 있다.

두 번째는 작품의 문학성이다. 한용운 시인의 〈거짓 이별〉은 '당신'에 대한 그리움과 재회에 대한 바람을 그리면서, 당신의 부재를 거짓 이별이라 부르며 이별을 부정하고 영원한 사랑을 드러내는 작품이다. 하지만 문장의 표현과 의미를 고민해보는 과정을 거쳐야만 비로소 이 화자의 감정과 생각에 닿을 수 있다. 〈거짓 이별〉에서 화자가 말하고자 하는 바를 이해하기 어려웠던 독자라면 자신이 이해하기 쉬운 〈시들어버린 장미〉가 더 좋다고 말할 수 있을 것이다. 이는 (어쩌면 당연한 이야기이기도 하지만) 우리가 이야기하는 문학성이 독자의 선호와 늘 비례하는 것은 아니라는 점을 극명하게 보여준다. 이러한 요소들이 장차 챗GPT가 만든 예술 작품들이 생겨날 미래 사회에 어떤 변화를 가져오게 될지 궁금한 마음이 들었다.

이후 각 시의 작가와 제목을 공개하고, 지금 든 생각을 패들렛에 글로 남겨보라고 했다. 그 일부를 소개한다.

나는 처음에 (가) 시를 윤동주 시인이 썼을 것이라고 예상했다. 그러나 챗GPT라는 사실을 알게 되고 매우 충격을 받았다. 인공지능이 썼을 것이라고는 전혀 예상도 하지 못했기 때문이다. 챗GPT의 시가 내 마음을 사로잡고 내 마음을 울렸다는 게 여전히 믿기지가 않는다. 내가 생각했던 것보다 인공지능이 매우 똑똑하고 발달했다는 것을 알 수 있었다. 그리고 인간이 인공지능에게 진 것 같은 기분이라서 놀람

과 충격의 감정이 들었고, 자존심이 상하기도 했다. _정다인

정말 여태까지 본 '사랑'을 주제로 한 시 중에 가장 마음에 들었던, 정말 인상 깊었던 시였는데, 이 시를 쓴 작가가 챗GPT라는 사실에 큰 배신감과 위기감, 그리고 놀라움을 느꼈다. _한우진

아이들은 말로만 들어왔던 인공지능의 발달이 이 정도까지 이루어졌음에 두려움을 드러냈다. 챗GPT가 기존의 데이터를 활용해 답변을 하는 만큼 (가) 작품을 보고 어디선가 본 듯한 익숙한 느낌이 들었다고 말하기도 했다. 무엇보다 자신들이 챗GPT가 만든 작품을 마음에 들어 했다는 사실에 놀라움을 느꼈다. 챗GPT의 글을 작품이라고 인식했다는 지점에서, 챗GPT의 글을 문학으로 볼 수 있는 것인지에 대한 혼란이 시작된 것이다.[3]

챗GPT의 글을 활용한 수업은 아이들에게, 문학을 문학으로 만드는 데 있어 '독자'의 역할이 얼마나 큰지 알게 하고 그 의미를 고민하게 했다. 또한 인공지능의 발전이 우리 삶에 어떤 영향을 미치게 될지 생각해보도록 이끌었다.

좋은 질문을 만드는 강력한 도구
[2차시] 4단계 '질문 연속체' 방법 활용하기

그렇다면 '인공지능(챗GPT)이 만든 글을 문학작품으로 볼 수 있는가?'라는 질문을 본격적으로 고민해볼 차례다. 먼저 이 질문을 '핵심 질문'으로 제시하고, 모둠별로 '질문 쏟아내기' 활동을 진행했다. 일정 시간 동안 모둠 내에서 모두가 함께 핵심 질문을 보면서 떠오르는 질문은 무엇이든지 공유하며 가감 없이 적어보는 활동이다. 쏟아낸 질문들은 '질문 연속체'를 통해 정리했다.

챗GPT의 등장과 함께 주목받는 직업 중 하나가 전문 프롬프트 엔지니어다. 원하는 결과물을 얻으려면 인공지능에 최적의 프롬프트를 넣는 능력이 매우 중요하기 때문이다. 프롬프트는 일종의 '지시 메시지'로, 컴퓨터(인공지능)와 하는 대화이자 질문이다. 어떤 프롬프트를 넣느냐에 따라 얻게 되는 답변이나 결과의 질이 확연하게 달라진다.

챗GPT를 사용하다 보면 대화마다 저장이 되는 것을 확인할 수 있다. 이는 챗GPT가 질문의 순서와 흐름을 기억하고 그 흐름에 따라 연속적이고 정교한 답변을, 혹은 잘못된 답변의 경우 수정해가며 제안해줄 수 있음을 의미한다. 실제로 같

챗GPT가 만든 시는 문학작품일까?

은 질문이라 해도 지금까지 했던 대화의 흐름에서 질문할 경우와, 갑자기 다른 대화로 전환해 질문할 경우 답변의 내용이 다르게 나타나기도 한다. 그러므로 질문의 순서와 흐름은 챗GPT로부터 적절한 답변을 얻는 데 큰 영향을 미칠 수 있다. 특히 질문의 내용이 복잡할 경우, 순차적인 질문의 흐름을 거쳐가며 얻은 답변과 처음부터 그 질문을 통해 얻은 답변은 차이가 있다.

이때 '세부사항-범주-정교화-증거'의 순서로 질문을 구성하고 계획하는 '질문 연속체'는 굉장히 유용한 도구다. '학생이 새로운 지식과 상호작용하고 그 지식을 깊이 이해하는 것'[4]을 돕는다는 점에서 그렇다.

'세부사항'은 핵심 질문에 사용된 구체적인 단어의 개념에 대한 질문이다. 이 질문을 통해 얻은 세부사항은 다시 개념의 특성과 특성 간의 비교, 대조, 예시 등을 묻는 질문들로 확장된다. 이것이 '범주'다. '정교화'는 범주를 통해 찾아낸 개념들의 특성이 미치는 영향 등을 추론하도록 한다. 마지막으로 '증거'는 이 추론에 대한 근거를 마련하도록 이끄는 질문을 뜻한다.

2차시에 모둠 내에서 쏟아낸 질문들을 '질문 연속체'의 범주표에 따라 분류하고, 질문들을 추가해가며 최종 질문 목록을 완성했다. 그리고 이 질문들을 챗GPT에 순서대로 질문해 보고 답변 내용을 복사해서 질문-답변 모두를 패들렛에 올리게 했다. 그 모둠뿐만 아니라 학급 전체가 핵심 질문을 해결하기 위한 질문-답변 내용을 볼 수 있도록 하기 위해서다. 아이들이 만든 질문들은 다음과 같다.

핵심 질문: 인공지능(챗GPT)이 만든 글을 문학작품으로 볼 수 있는가?

질문 종류	우리가 만든 질문
	※각 질문의 특성 및 예시
세부 사항	문학작품의 정의는?(무엇일까?) 챗GPT는 무엇일까?
	※질문에 드러나는 주요 세부사항들, 즉 질문에 사용된 단어의 개념과 정의에 대한 질문 예: '챗GPT', '문학', '서정(시)', '창작', '작품' 등
범주	문학작품의 목적은 무엇인가? 챗GPT는 누가 만들었을까? 챗GPT는 생각을 할 수 있을까? 챗GPT는 어떤 과정을 거치는가? 인공지능과 인간의 차이는 무엇일까? 인공지능이 만든 문학에도 정서가 있을까? 챗GPT의 시의 기준은 무엇인가?

인공지능이 생각하는 문학작품의 구성은 무엇인가?

문학작품의 기준은 뭘까?

문학작품의 범주를 어떻게 설정해야 할까?

인간과 인공지능이 만든 문학작품의 차이는 뭘까?

인간의 문학적 표현과 인공지능의 문학적 표현은 차이가 있는가?

챗GPT로 사람이 만든 작품은 어떤 점이 다를까?

챗GPT의 정보들은 어디서 가져오는 것일까?

문학작품의 필수 요소는?

인공지능과 사람이 문학작품을 만드는 과정의 차이는 무엇일까?

인공지능이 쓰지 못하는 글의 종류는 무엇일까?

인공지능이 만든 문학작품에는 어떤 의미(메시지)가 담겨 있을까?

인공지능을 작가로 볼 수 있는가?

챗GPT에 감정이 있을까?

인공지능이 상상할 수 있는 능력이 있는가?

인공지능은 자아가 있는가?

※ 질문에 사용된 개념들의 특성, 예시, 다른 개념과의 비교를 묻는 질문

예: 창작자(챗GPT와 인간)에 따른 작품의 차이, 각 개념들의 예시나 특성 등

정교화	챗GPT는 어떻게 문학작품을 만들까?
	인공지능은 어떤 키워드로 문학작품을 창작하는가?
	인공지능은 경험하지 못한 일들을 어떻게 자세히 쓸 수 있을까?
	인공지능은 모든 것을 대체할 수 있는가?

기업들은 왜 챗GPT를 만들까?

인공지능이 사람의 작품만큼 심오한 상징을 문학작품에 표현할 수 있을까?

인공지능의 글이 문학작품으로 인정되면 어떤 문제가 생길까?

글을 쓰는 주체에 따라 문학작품인지 아닌지 구분해도 괜찮은가?

인공지능이 만든 작품으로 돈을 벌 수 있을까?

왜 우리는 인공지능이 쓴 시에 거부감을 느낄까?

인간은 인공지능이 만든 문학작품에 공감할 수 있는가?

꼭 사람이 쓴 글만 문학작품으로 인정해야 할까?

로봇이라는 이유로 시를 써서는 안 되는 걸까?

감정이 없어도 문학작품을 쓸 수 있는가?

감정은 논리적인 사고 회로로 표현 가능한가?

인공지능이 창작자를 대체할 수 있을까?

인공지능을 한 명의 작가로 볼 수 있을까?

챗GPT가 쓴 글을 상업적으로 이용 가능한가?

인공지능이 만든 문학작품으로 경제적 이익을 취해도 될까?

인공지능이 만든 문학작품에는 표절 문제가 없을까?

인공지능이 만든 문학작품은 저작권이 있는가? 있다면 누구에게 있는가?

사람들에게 인공지능이 만든 문학작품과 인간이 만든 문학작품을 보여준다면 사람들은 어떤 작품에 더 공감할까?

인공지능의 딥러닝 과정에서 무단으로 사용되는 작품의 저작권은 어떻게 보장할 수 있을 것인가?

인공지능이 다른 작가들의 작품을 기반으로 하여 학습한 후 작품을 창작한다면 인공지능 고유의 작품으로 볼 수 있는가?

※ 질문에 사용된 개념들의 특성의 이유에 대한 질문(왜?), 특

	정 상황이나 조건에서 어떤 일이 발생할지 예측하는 질문 (만약~라면?), 특정 특성의 영향을 묻는 질문 예: 창의성, 저작권, 감정과 정서, 주관, 의견이나 의지, 독자에게 주는 영향, 독자의 판단 등
근거	챗GPT의 답변에 신뢰성이 있는가? 지금 제시한 정보의 출처는 어디인가? ※정교화 단계에서 질문한 내용들을 뒷받침할 수 있는 증거를 제시하거나 찾을 수 있는 질문, 그러한 근거나 예시의 사실 확인, 출처 등을 얻을 수 있는 질문

2차시를 진행하면서 아이들의 질문 만들기를 유심히 살펴봤다. 예전에도 수업 시간에 비경쟁 독서 토론을 경험해봤고, 작품을 배우면서 떠오르는 질문을 늘 쓰게 해서 질문 만들기에 익숙한 편이라고 생각했지만, 짧은 시간에 다양한 질문을 쏟아내는 것은 쉽지 않아 보였다. 또 질문들을 4단계 표에 따라 분류하는 작업은 초반에 예시를 들어줬어도 여러 모둠에서 도움을 요청해왔다.

하지만 질문 분류를 마친 뒤 챗GPT에 질문하기 시작하자 아이들은 금세 몰입했다. 말로만 들어왔던 챗GPT의 답변을 받아본 아이들의 표정에는 놀라움과 감탄, 신기함이 가득했다. 표의 순서대로 질문을 해나가도록 했는데, 모둠 내에서 자체적으로 질문 단계마다 역할을 나눠 질문하기도 했다. 자신들의 질문에 대한 답변을 받아 패들렛에 올리고 공유하면서, 궁금해하는 것에 바로 딱 맞는 답변을 해주는 챗GPT의 유용함에 흥미를 느꼈다.

한편으로는 답변의 신뢰성에 의문을 제기하는 아이들도 있었다. 챗GPT의 아쉬운 점 중 하나는 답변의 출처를 밝혀주지 않는다는 것인데, 덕분에 아이들이 직접 그 답변에서 의문이 드는 부분을 다시 다른 웹사이트를 통해 검색해보며 신뢰성 검증을 하도록 유도할 수 있었다.

차후에 이 수업을 다시 하게 된다면 보완하고 싶은 점을 한 가지 덧붙여둔다. 시간적 여유를 갖기 어려워서 짧은 차시 동안 진행했지만, 한두 차시 더 여유 있게 구성할 수 있다면 질문법에 대한 수업을 좀 더 보강할 필요가 있다. 아이들이 평소 질문 수업에 익숙하지 않을 경우, 질문 초점에 따라 '질문 쏟아내기' 활동부터 질문을 범주별로 분류하면서 만들어내는 과정이 매우 낯설 것이다. 따라서 평소 다른 수업 중에도 핵심 질문, 질문 쏟아내기, 질문 연속체 등에 대해 조금씩 익숙해진다면,[5] 챗GPT를 활용하는 데 큰 강점이 될 수 있는 질문하는

챗GPT가 만든 시는 문학작품일까?

힘을 기를 수 있을 것이다.

그렇다면 정말 문학이란 무엇인가
[3차시] 챗GPT를 활용해 논리적인 글쓰기

아이들은 패들렛에 공유된 질문과 챗GPT의 답변을 각자 읽어보면서, 자신의 생각을 뒷받침하는 근거로 적합한 정보들을 찾아봤다. 그리고 이를 토대로 자신의 생각과 그 근거를 담은 글을 패들렛에 올렸다. 아래의 글들은 '챗GPT가 만든 글을 문학작품으로 볼 수 있는가?'에 대한 생각을, 챗GPT의 답변 중에서 근거를 찾아 작성한 사례다. 질문 연속체에 따라 순서대로 챗GPT에게 질문하고 받은 답변이 근거로 활용되었음을 밑줄 친 부분에서 확인할 수 있다.

나는 **챗GPT가 만든 작품을 문학작품이라고 볼 수 없다**고 생각한다. 기본적으로, 인공지능의 레퍼런스 기반은 전부 인간들의 작품에서 나온다. 따라서 인공지능의 창작 작품은 '창작' 작품이라고 볼 수 없다고 생각한다. 인간의 작품을 통해 학습한 데이터로 생성해낸 문학작품을 과연 문학작품이라고 볼 수 있을까? 또한 기본적으로 문학작품이란, 감정과 그 작품을 만들어낸 창작자의 소견이 담겨 있어야 한다고 생각하는데, 인공지능에게는 그런 감정이 없다고 생각한다. 따라서 인공지능이 만들어낸 작품은 문학작품이 될 수 없다. _유정인

▶ 활용된 질문: 문학작품의 정의는?(무엇일까?) 챗GPT는 어떤 과정을 거치는가? 챗GPT의 정보들은 어디서 가져오는 것일까?

챗GPT가 쓴 작품을 읽어봤을 때 정말 인간이 쓴 작품과 비교해도 이질감이 들지 않고 오히려 사람이 쓴 시보다 더 직관적인 표현들이 나오며 내가 보기에 더 좋은 시가 나왔다. '인공지능이 만든 작품을 문학작품으로 볼 수 있는가?'라는 질문에서 우리가 인공지능이 개발되는 현재 생각해볼 것이 많아지는 것 같다. 문학의 핵심은 언어나 문어의 예술을 말한다. 이러한 관점으로 봤을 때 **챗GPT가 쓴 글은 문학이라고는 할 수 있다.** 다만 인공지능은 인간인 작가와 다르게 창의적인 생각을 할 수 없으므로 토큰화와 같은 과정을 통해 딥러닝을 한다. 인공지능은 글을 쓰는 도구이지 작가라고 할 수는 없다. 그렇다면 '딥러닝으로 파생된 작품은 인공지

능의 창작물이 맞는가?' 분명 인공지능은 작가들의 작품을 바탕으로 딥러닝하기 때문에 인공지능의 독자적인 작품이라고는 할 수 없다. 따라서 인공지능이 작성한 문학작품은 작가들과 인공지능의 협업체라고 할 수 있다. 공동저작권을 가지고 있다는 것이다. 이러한 과정에서 발생하는 문제가 딥러닝으로 인한 저작권 폐해이다. 딥러닝에 사용되는 작품들은 분명 모두 작가들이 고유한 저작권을 가지고 있다. 따라서 딥러닝에 사용되는 작품들의 라이선스를 구매하거나 작가에게 허락을 받는 등 법적인 문제를 고려해봐야 한다. _강다은

▶ 활용된 질문: 문학작품의 정의는?(무엇일까?) 챗GPT는 어떤 과정을 거치는가? 챗GPT의 정보들은 어디서 가져오는 것일까? 인간은 인공지능이 만든 문학작품에 공감할 수 있는가? 인공지능이 창작자를 대체할 수 있을까? 인공지능을 한 명의 작가로 볼 수 있을까? 인공지능이 만든 문학작품은 저작권이 있는가? 있다면 누구에게 있는가? 인공지능의 딥러닝 과정에서 무단으로 사용되는 작품의 저작권은 어떻게 보장할 수 있을 것인가? 인공지능이 다른 작가들의 작품을 기반으로 하여 학습한 후 작품을 창작한다면 인공지능 고유의 작품으로 볼 수 있는가?

인공지능이 만든 글을 문학작품으로 볼 수 있다고 생각한다. 1. 인공지능은 현재 사람들이 생각하는 감정과 지식들을 토대로 만들어진 로봇이기 때문이다. 한마디로 챗GPT는 현재 사람들이 무슨 생각을 하고 있는지 알 수 있는 대표적인 인공지능이다. 2. 인공지능이 만든 문학작품으로 독자들이 생각과 감정을 나눌 수 있기 때문이다. 실제로 나도 그렇고 우리 반 친구들 대다수가 인공지능이 만든 문학작품을 한용운이 쓴 시보다 더 선호하였다. 그리고 내 친구와 나는 인공지능이 만든 문학작품이라는 사실을 알기 전에 작품에 대한 감상평을 나누기도 하였다. (창작자가) 생명체가 아니더라도 독자들이 충분히 자신의 생각과 감정을 느꼈다면 작품이라 볼 수 있다. 3. 인공지능은 점점 더 사람처럼 발전하고 있기 때문이다. (…) 실제로 뉴스에서 인공지능으로만 이루어진 그룹방에서 사람처럼 스스로 상호작용을 하는 것이 나타났다. (…) 때문에 챗GPT가 만든 글을 문학작품이라 볼 수 있다고 생각한다. _김민경

▶ 활용된 질문: 문학작품의 정의는?(무엇일까?) 챗GPT는 어떤 과정을 거치는가? 챗GPT의 정보들은 어디서 가져오는 것일까? 인간은 인공지능이 만든 문학작품에 공감할 수 있는가? 꼭 사람이 쓴 글만 문학작품으로 인정해야 할까? 인

공지능과 사람이 문학작품을 만드는 과정의 차이는 무엇일까?

챗GPT에게 질문하는 과정 없이 '인공지능(챗GPT)이 만든 글을 문학작품으로 볼 수 있는가?'라는 질문에 대해 글을 써보게 했다면 굉장히 막연하고 어려웠을 것이다. 하지만 질문 연속체의 순서에 따라 챗GPT와 대화하듯 질문과 답변을 이어나가며 자료를 얻었기 때문에, 이를 근거로 활용해 글을 쓰는 데 큰 도움이 되었다는 생각이 들었다. 그리고 '세부사항-범주-정교화-증거'의 질문 순서는 잘 짜인 글쓰기 개요로도 활용할 수 있겠다고 생각했다. 비록 글쓰기에 여러 차시를 할애하지는 못했지만, 글쓰기에서 어떤 개념을 다루고 그 개념의 특성과 예시들을 들어 정교화해가면서 그에 대한 출처를 제시하는 과정을 개요로 작성한다면 조금 더 깊이 있는 글을 쓸 수 있을 것이다. 즉 질문-답변 형태로 공유한 뒤 질문별로 문단을 구성해서 자신이 말하고자 하는 바를 담은 글을 쓰게 하는 것이다. 더불어 이에 대해 토론해보는 시간도 가질 수 있다면 더욱 완성도 높은 수업이 되리라 예상한다. 이 수업을 하면서 챗GPT가 아니더라도 스스로 질문하는 능력을 기르고 싶다고 말한 한 학생의 말이 오래 기억에 남는다.

한편 학생들의 글 속에는 이 수업을 처음 계획할 때 고민했던 지점들이 녹아 있었다. 어떤 글을 문학작품으로 만드는 조건은 무엇인지, 챗GPT를 창작자로 볼 수 있는지에 대한 고찰은 문학작품의 창작자로서 갖춰야 할 창작 의도와 감정, 윤리에 대해 생각하게 한다. 2015문학교육과정에 따르면, 인간의 문학 창작은 새로운 '문장'을 만들기 위한 것이 아니다. '새로운' 문장, 즉 인간과 세계에 대한 이해를 돕고, 삶의 의미를 깨닫게 하며, 정서적·미적으로 삶을 고양할 수 있도록 하는 언어 예술을 마련하는 데 있다.[6] 그러나 챗GPT의 글은 인간 작가들의 글을 데이터로 하여 만들어지고, 기존의 작품들을 데이터화하며 (인간처럼 작품을 감상하는 행위와는 달리) 최적의 패턴을 만들어내는 과정일 뿐이라는 점, 그리고 글 속에 인공지능의 삶이나 감정을 담지 못하며 통계적으로 가장 자연스럽게 연결되는 문장으로 만들어지는 글이라는 점에서, 챗GPT를 창작자로 보기 어려울 수 있다. 게다가 챗GPT의 글은 인간 작가들의 동의나 양해 없이 그들의 글을 무단으로 사용하기 때문에 저작권 같은 법적 문제와 창작자로서의 윤리 문제가 있다.

다만 독자 입장에서 챗GPT의 글을 작품으로 받아들일 수도 있다는 사실은 앞으로 인공지능으로 인한 문학·예술의 변화에서 주목해야 할 점이다. 문학교육에서도 의미 구성의 주체로서 독자를 중요하게 여기고 있다. 독일의 문학자이자 독자반응이론을 주장했던 이저(Iser)에 따르면, 독서라는 행위는 손쉬운 지름길이나 텍스트에 대한 결론을 얻기보다는, 그것을 모색하는 체계를 이해하고 자신의 읽기를 끊임없이 메타적으로 성찰하는 것을 뜻한다. 문학 텍스트의 의미 자체보다는 그것이 독자에게 주는 감정이나 심리적 효과를 중심으로 텍스트에 대한 지식을 생산해나가는 방식을 제안하는 셈이다. 이러한 독자의 위상은 학생들의 의견처럼 챗GPT의 글을 문학작품으로 볼 수 있다는 주장에 힘을 실어줄 수도 있을 것이다. 이에 대한 심도 있는 논의는 앞으로 문학과 문학교육의 연구에서도 중요하게 이루어져야 할 부분이라고 생각한다.

새로운 동반자, 인공지능에 대처하는 우리의 자세

사실 '인공지능(챗GPT)이 만든 글을 문학작품으로 볼 수 있는가?'라는 물음은 하나의 정답이 나올 수 있는 질문이 아니다. 아이들에게 이 질문을 함께 생각해보자고 했던 이유는 이를 통해 '문학'에 대해, '인간'에 대해, 그리고 새로운 동반자적 기술인 '인공지능'에 대해 고민해볼 수 있는 계기와 힘을 마련해주고 싶어서였다. 이에 대한 근거를 바탕으로 한 깊은 생각은 차후 인공지능의 발달과 세계의 변화 속에서 흔들리기보다는 유연하게 발맞춰 갈 수 있는 바탕이 되어줄 것이라 기대했다.

실제로 이 수업을 통해 챗GPT를 처음 써보고 활용 방법을 익힌 학생들은 배움 노트에 다양한 감상과 추가 활용 경험을 써냈다. 그림에 관심이 많은 학생은 다른 인공지능형 챗봇인 뤼튼(wrtn) 등을 활용해서 그림을 그려보고 그것의 저작권에 대해 고민해보기도 하고, 앞으로 디자인 분야에서 인공지능형 챗봇의 활용도와 전망에 대한 생각을 드러냈다. 의학이나 법학 같은 전문직 분야에서 두각을 드러낸 챗GPT에 대한 뉴스 기사를 찾아보고 앞으로의 삶의 변화에 대한 생각을 밝힌 학생도 있었다. 또, PD가 장래 희망인 학생은 챗GPT에게 예능 프로그램 기획서를 만들어달라는 프롬프트를 넣어 받은 결과물을 보고 깜짝 놀랐다며, 인간으로서 자신이 할 수 있는 분야와 노력에 대한 고민을 적었다. 많은 아이들이 챗GPT의 활용에 큰 관심을 보인 것이다.

챗GPT가 만든 시는 문학작품일까?

어느 매체에서는 이용자 수 감소를 근거로 벌써 챗GPT의 인기가 시들해졌다고 보도하기도 한다. 하지만 이는 단순히 하나의 프로그램에 대한 유행의 문제가 아니다. 우리는 챗GPT를 통해 이미 우리 생활에 깊숙하게 들어온 인공지능의 발달을 열광적으로 경험했다. 이는 나와 거리가 멀어 보이던 초고도 기술과의 대면이었고, 기술의 발전은 계속될 것이다. 아이들에게는 이러한 변화를 이끌거나 이를 잘 사용할 수 있는 역량이 필요하다. 나의 첫 챗GPT 수업이 조금이라도 그에 대한 관심과 고민을 갖는 계기가 된다면 좋겠다.

'질문 연속체 만들기' 활동지

✦ 오늘 수업의 핵심 질문: 인공지능(챗GPT)이 만든 글을 문학작품으로 볼 수 있는가?

❶ 위의 핵심 질문을 보며 떠오르는 질문들을 무엇이든지 적어보세요. 모둠 원들이 만든 질문들을 공유하여 모두 적습니다. 질문 뒤에는 질문을 만든 사람의 이름을 (예: 김○○) 함께 적어주세요.

----

❷ 모둠원들과 만든 질문들을 아래의 표에 맞춰 분류해보고, 해당하는 질문이 없다면 만들어봅시다.

질문 종류	우리가 만든 질문
	※각 질문의 특성 및 예시
세부 사항	
	※ 질문에 드러나는 주요 세부사항들, 즉 질문에 사용된 단어의 개념과 정의에 대한 질문 예: '챗GPT', '문학', '서정(시)', '창작', '작품' 등
범주	
	※ 질문에 사용된 개념들의 특성, 예시, 다른 개념과의 비교를 묻는 질문 예: 창작자(챗GPT와 인간)에 따른 작품의 차이, 각 개념들의 예시나 특성 등
정교화	
	※ 질문에 사용된 개념들의 특성의 이유에 대한 질문(왜?), 특정 상황이나 조건에서 어떤 일이 발생할지 예측하는 질문(만약~라면?), 특정 특성의 영향을 묻는 질문 예: 창의성, 저작권, 감정과 정서, 주관, 의견이나 의지, 독자에게 주는 영향, 독자의 판단 등
근거	
	※ 정교화에서 질문한 내용들을 뒷받침할 수 있는 증거를 제시하거나 찾을 수 있는 질문, 그러한 근거나 예시의 사실 확인, 출처 등을 얻을 수 있는 질문

❸ **위 질문을 모둠원들이 나눠서 챗GPT에 입력해봅시다.** 핵심 질문에 대해 토의하고 결론을 내리는 데 필요한 자료를 얻으려면 어떤 질문을 해야 좋을까요? 챗GPT는 대화가 가능한 인공지능이므로, 앞서 했던 질문에 대한 후속 질문을 통해 더 좋은 답변을 받을 수 있습니다. **선택한 질문과 답변의 내용을 패들렛에 옮겨 넣어주세요.** (글 제목에 질문, 본문에 답변 내용)

---

❹ **챗GPT와의 대화를 통해 얻은 답변을 참고하여 '인공지능(챗GPT)이 만든 글을 문학작품으로 볼 수 있는가?'라는 질문에 대한 자신의 생각을 구체적인 근거를 세 가지 이상 들어 패들렛에 글을 작성해주세요.** (글 제목은 학번/이름)

누군가
내 마음을 대신
써준다면

끊임없는
'나'와의 대화,

챗GPT로
다정한 편지글 쓰기

김가람
광성고등학교

"모두가 글을 잘 쓸 필요는 없잖아요"

"선생님, 왜 자꾸 글을 쓰라고 시켜요?"

"자신의 생각을 글로 표현하고 정리해보는 일이 얼마나 의미 있는데. 쓰는 순간은 고통스러워도 잘 쓴 글을 마주하면 되게 뿌듯할걸? 잘 쓴 한 편의 글을 완성해보는 경험이 얼마나 중요한데."

"아, 저 진짜 바쁜데. 더 생각도 안 나고. 이거 말고도 해야할 일이 너무 많아요. 모두가 글을 잘 쓸 필요는 없잖아요. 뭐가 잘 쓴 건지도 모르겠어요."

국어 선생님이라면 으레 그렇듯 학창 시절 나는 글 쓰는 시간을 매우 좋아했다. 글을 쓰는 동안 온전히 내게 집중하며 완결된 결과물을 내는 과정이 즐거웠다. 과정이 즐거웠던 만큼 대개 긍정적인 피드백이 돌아왔다. 글쓰기가 '정적 강화'될 수 있는 성향을 가지고 있었다. 하지만 교사가 되어 쓰기를 권하는 처지가 되니, 생각보다 나와 같은 성향의 아이들이 별로 없었다. 글 쓰는 일이 좋은 일이라는 것임을 알고 있음에도 막상 '모두가 글을 잘 쓸 필요는 없다'는 아이의 서러운 말에 제대로 대꾸를 하지 못한 것도 글쓰기를 잘해본 사람으로 운 좋게 태어난 덕이라는 생각이 들었기 때문이다.

아이의 질문이 오래도록 마음에 남았다. 대부분이 싫어하는 글쓰기 수업을 왜 해야 하는 걸까? 질문이 끝도 없이 생겨났다. 나는 아이들이 글을 쓸 때 어떤 반응을 가장 많이 했는지 떠올려봤다. 글쓰기 수업을 하면서 가장 자주 듣는 말은 '어디까지 써야 해요?', '이 조건 다 맞추면 만점인 거죠?'였다. 피터 엘보는 저서 《힘 있는 글쓰기》[1]에서, 글을 쓰기가 까다롭다고 느끼는 상황 중 하나가 '의무로 글을 쓸 때'라고 했다. 학교에서 써야 하는 글은 의무로 써야 하는 글이다. 그러니 아이들에게 글쓰기는 이미 귀찮고 하기 싫은 일이 되는 것이다. 물론 한 반에 몇 명쯤 글쓰기에 흥미를 느끼는 아이들이 나오기도 했다. 하지만 그마저도 긴 호흡으로 글을 쓰다 보면 이리

누군가 내 마음을 대신 써준다면

저리 고쳐봐도 비슷비슷한 것 같은 자신의 글을 다시 쳐다도 보기 싫은 상황에 자주 마주한다. 그나마 어려운 마음을 먹고 피드백을 반영해보려고 해도 어떻게 쓰는 것이 '잘' 쓰는 것인지 기준이 모호해 손을 대지 못하고 가장 고쳤으면 좋겠는 부분들은 그대로 남는 경우가 태반이었다.

물론 가장 좋은 글쓰기 수업은 좋은 글을 여러 편 읽고, 좋은 글의 요건을 찾아보고 합평 과정과 피드백을 통해 고쳐쓰는 것이다. 하지만 한정된 수업 시수와 나가야 할 진도, 많은 인원수에 막혀 제대로 수업을 꾸리기가 어려웠다. 글을 잘 쓸 필요가 없다고 이야기하는 아이들 앞에서 어떻게 글쓰기를 가르칠 수 있을까? 좋은 글은 얼마만큼 보여줘야 할까?

자신을 사랑하고 수용하는 글쓰기
[1차시] 나에게 다정한 편지 쓰기

올해 내가 고등학교 2학년 학생들과 함께할 수업은 '논리학'. 교양 과목이라 평가나 교육과정에 크게 구애받지 않고 수업할 수 있다는 장점이 있는 만큼 매 수업 시간을 설계하는 데 고민이 많았다. 특히 자신만의 세계를 꽁꽁 숨기고 있는 남학생들을 위해, 그들의 속마음을 잘 표현하게 만들 수 있는 수업을 고안하는 것은 늘 쉽지 않았다.

2학기 개학 첫 수업 역시 아이들과 무엇을 할까 고민하던 중, '자기 사랑'에 대한 글을 읽고 스스로에게 자기 사랑과 자기 수용을 담은 편지 쓰기 활동을 해보기로 했다.[2] 자신에게 애정 어린 편지를 쓰는 일이니, 무엇인가를 찾아보고 생각하는 것보다 훨씬 가벼운 글쓰기가 될 거라 예상했다. 이 정도면 글쓰기가 어려운 학생에게도 쉬운 활동일 테니 저항이 별로 없겠다고 생각했지만, 역시나 학생들은 예상을 빗나갔다. 수업 시간 내내 엎드려 자는 학생이 나왔다. 나는 학생을 깨워 얼른 글을 써보자고 했다. 그러자 아이는 울상이 되어 답했다.

"선생님, 저 잔 거 아니에요. 그냥 한 글자도 못 쓰겠어서 엎드려 있던 거예요."

"지금 글을 쓰기 싫은 거야? 아니면 정말 생각이 안 나서 못 쓰겠다는 거야?"

"한 글자를 쓰면 말문이 막혀버려요. 오글거려서 뭐라고 써야 할지 모르겠어요."

"그냥 너한테 해주고 싶은 얘기를 쓰는 건데, 정말 너한테 해주고 싶은 얘기가 없어?"

"아니요. 그건 아닌데 머리가 뒤죽박죽이라 막상 글로 쓰

누군가 내 마음을 대신 써준다면

려니 어디서부터 써야 할지 모르겠어요."

"그래도 뭔가 한 줄이라도 써봐. 그럼 뭔가 나올 거야."

아이는 종이와 한참을 씨름하다 종이 칠 무렵 한 줄의 글을 써냈다.

'너는 앞으로 행복해질 거야.'

이 한 줄을 쓰기 위해 고군분투했을 학생을 생각하니 마음이 짠했다. 누가 이 아이에게 글쓰기를 쉽게 만들어주면 좋을 텐데. '이 아이가 쓴 한 줄을 바탕으로 어떻게 더 쓰게 만들 수 있지?'라는 고민이 들었다.

처음에는 아이들끼리 고민을 나누고 서로 편지를 써주게 할까 싶었다. 하지만 교실 환경이 녹록하지 않았다. 열여덟 살 남자아이들만 그득한 이곳. 감성적인 수업을 하려고 분위기를 잡으면 '너 감성충이냐?', '너 인스타충이냐?'라는 조롱 섞인 말이 하나 둘 나오기 시작했다. 수업 시간에 따끔하게 주의를 주어도, 어린아이들처럼 다른 친구가 쓰고 있는 초고를 빼앗아 큰 소리로 읽어 민망하게 만든다거나, 쓰기 과정에서 느껴지는 '오글거림'을 참지 못해 집중하지 못하는 아이들이 많았다. 이런 상황에서 서로에게 편지를 써주자고 하면 분위기가 어떻게 흘러갈지 안 봐도 뻔했다. 안전하지 않은 상황에서 글쓰기로 내몰면 글과 더 멀어지게 될 것 같다는 생각이 들었다.

어떻게 하면 안전하게 글을 끝까지 쓰게 할 수 있을까? 차라리 자신에게 편지를 쓰는 과제도 다른 보고서형 과제처럼 챗GPT가 대신해줄 수 있는 과제라면 좋을 텐데…. 좋을 텐데…. 잠깐, 혹시 챗GPT가 대신 편지를 써준다면? 그 또한 아이들에게 의미가 있을까?

눈물이 왈칵 날 뻔했다
챗GPT로 편지 쓰기 실험

곧장 챗GPT가 정말 내 마음에 꼭 맞는 편지를 써줄 수 있을지 실험해보기로 했다. 일단 나도 아이들과 똑같이 '자기 존중, 자기 수용, 자기 사랑'의 메시지를 담아 다정한 말투로 초고를 써봤다. 이미 스스로를 채찍질하는 데 익숙해진 나 역시 편지가 잘 써지지 않았다. 모니터에서 커서가 깜박였다. 고민하다가 '에잇, 어차피 챗GPT가 고쳐줄 텐데 일단 대충 써보자' 하는 마음이 들었다. 머릿속에서 생각이 나는 대로 마구 초고를 썼다.

가람아. 지난 방학에 매일 출근하느라 고생 많았어. 모든 일을 다 해내지 못했다고 자책하곤 했는데 그래도 돌아보니까 꽤 많은 일을 해냈더라고. 내가 나를 너무 채찍질하고 살지 않았나 싶어. 그렇게까지 나를 몰아가면서 할 일은 아니었는데 너무 이상적인 나의 모습만을 좋아하고 진짜 나는 별로 안 좋아했던 것 같아. 이제라도 너를 좋아할게. 이번 2학기도 힘내자!

초고를 쓰고 나니 역시나 나 자신을 사랑하는 느낌보다는 채찍질하는 느낌이 많이 났다. 이 부분을 고쳐야 했다. 그리고 이왕이면 내가 처한 상황에 공감하는 말을 해줬으면 좋겠다고 생각했다. 나는 챗GPT에게 질문했다.

👤 이 편지를 좀 더 나 자신을 사랑하는 느낌이 들게 바꿔줄 수 있어? 그리고 나의 어려움에 공감해주는 부분도 있었으면 좋겠어.

🤖 안녕, 나!

방학 동안 정말 수고했어. 매일 출근하느라 힘들었을 텐데, 그럼에도 열심히 해냈으니까 자랑스러워해도 돼. 모든 걸 완벽하게 해내지 못했다고 자책하지 말아. 우리가 능력 있는 한도 내에서 최선을 다한 건 분명해.

어떤 어려움이 있을 때면 너무 자기를 비판하는 경향이 있는 것 같아. 근데 이제는 그런 느낌을 덜어내고, 어려움에 공감해보자. 지난 방학에 고생했던 것만큼, 그 어려움을 이겨내려고 노력했던 걸 인정해줘. 그때 그 순간에 네게 필요한 건 더 많은 격려와 사랑이었을 텐데, 앞으로는 네 자신을 더 이해하고 돌봐주는 걸로 해보자.

지나간 시간에는 후회할 일도 있겠지만, 그런 것 때문에 자책하거나 자신을 미워하지 말아. 우리는 성장하고 발전하면서 어려움을 극복해나가는 법을 배워나가는 중이니까. 더 이상 완벽한 모습만을 바라보지 말고, 현재의 나를 받아들이고 사랑해보자.

앞으로의 2학기도 열심히 임하면서, 더 많은 경험과 성장을 쌓아나가 보자. 어려움이 찾아오더라도 너는 그 어려움을 이길 힘을 갖고 있어. 자신을 믿고 더 자주 포용하며 사랑하면서 멋진 나로 나아갈 수 있을 거야.

자, 함께 이번 2학기도 힘내보자!

사랑하는 나에게

생각보다 길어진 분량이 당황스러웠지만, 나쁘지 않은 대

누군가 내 마음을 대신 써준다면

답이었다. 그렇지만 '힘내보자'라는 말이 마음에 들지 않았다. '힘내'라는 말은 이미 열심히 힘내고 있는 내게 큰 위로가 되지 않았다. 이건 내가 나에게 주고 싶은 감정과는 거리가 멀다는 생각이 들었다. 다시 챗GPT에게 질문했다.

👤 나는 힘내라는 말은 별로 응원이 되지 않아. 지금까지의 나도 충분히 사랑한다는 의미를 담아서 써주면 안 돼?

이후로도 몇 번의 질문과 답변이 오고 갔다. '말투가 어색한데?', '아까 처음에 그 문장은 좋았어. 이 부분은 빼지 말아줘', '내가 처음 쓴 부분에서 너무 많은 부분이 사라진 것 같아. 이 부분은 살려서 작성해줘.' 대화에서 나오는 답변을 보고 조금 더 마음에 드는 편지를 얻기 위해서는 몇 번이나 초고를 읽고 새로 받은 편지글을 읽어야 했다. 조금씩 달라지는 편지를 보면서 어떤 방향의 편지를 받고 싶었는지가 구체화되었다. 그 결과 다음과 같은 편지를 받아볼 수 있었다.

안녕, 나에게

지난 방학 동안 정말 수고했어. 매일 출근하느라 힘들었을 텐데, 그래도 꽤 많은 일을 해냈어. 내가 원하는 모든 것을 이루지는 못했겠지만, 그래도 중요한 건 나 자신이 내게 얼마나 소중한지 알고 있다는 거야.

돌아보니 내가 자책하고 힘들게 다가왔던 게 떠올랐어. 그동안 너무 완벽을 추구하면서 내가 했던 모든 노력을 과소평가했어. 나 자신에게 너무 무정하게 대한 것 같아서 미안해. 이젠 그런 마음을 바꾸기로 했어.

너무 이상적인 모습만을 바라보지 말고, 지금의 나를 사랑하고 받아들여 보려고 노력할게. 지나간 시간에는 후회가 있을 수 있지만, 그때의 나 역시 최선을 다한 거야. 어떤 어려움도 너무 딱딱하게 여기지 말고, 그것들이 나를 더 성장시키는 데 도움이 됐다는 걸 기억하려 해.

이제는 더 나 자신을 믿고 사랑하면서, 자신감을 키워가 보려 해. 어려운 순간에도 너 자신을 지치게 하거나 괴롭히지 않아도 돼. 나는 이미 지금의 너를 충분히 사랑하고 있어.

앞으로의 일들은 더 멋진 나로 성장하는 기회일 거야. 이번 2학기에는 더 자주 내 내면을 들여다보면서 나 자신을 이해하고 받아들여 보려 해.

넌 이미 충분히 사랑받을 가치가 있는 사람이야.

편지를 받아보고 눈물이 왈칵 날 뻔했다. 몇 번의 대화 과정을 통해 내 마음을 정확하게 말해주는 편지를 받다니. 무엇보다 글을 완전히 다 고쳐야 하는 것이 아니라 방향성을 제시해주면 그에 맞춰서 알아서 고쳐주니 여러 번 고치는 것이 크게 부담스럽지 않았다. 그리고 결과물을 받아보면서 내가 원하는 것이 점점 더 명확해지는 느낌이었다. 내가 어떤 말을 듣고 싶은지, 어떤 부분을 고치고 싶은지 명확하게 지시해줘야 하는 것이 오히려 스스로와 대화하는 느낌을 줬다. 이 정도라면 챗GPT를 통해 자신에 대한 글을 쓰게 하는 과정도 의미가 있을 것이라는 생각이 들었다.

글쓰기 과정의 '사고 구술'
[2차시] 챗GPT로 편지 고쳐쓰기

챗GPT로 '편지 고쳐쓰기' 활동을 하기에 앞서, 내가 챗GPT로 쓴 편지를 출력해 아이들에게 나눠줬다.

"애들아. 너희가 편지 쓸 때 선생님도 나한테 편지를 써봤어. 어떤지 한번 읽어봐 줄래? 어떤 것 같아?"

"잘 쓴 것 같은데요?", "잘 쓰셨는데요?" 하는 답변들이 돌아왔다. 교사가 제공하는 텍스트는 대부분 평가의 기준이 되는 경우가 많아서 평소에도 아이들은 그걸 정전(正典)이라고 받아들이기 쉽다. 더군다나 선생님 바로 앞에서 선생님이 쓴 글을 신랄하게 비판하기는 어려울 것이다.

"근데 얘들아. 이거 선생님이 조금 쓰고 사실은 챗GPT가 써준 거야. 어때? 그렇게 들으니까 조금 보완해야 할 점이 생기지 않아?"

챗GPT가 썼다는 말에 '어쩐지 이 부분은 좀 이상했어요'라고 말하는 학생도 나오기 시작했다. 챗GPT를 활용한 글이기 때문에 선생님의 글이라도 피드백을 할 때 심리적 저항감이 크지 않았을 것이다.

나는 챗GPT와의 대화 과정을 모두 화면에 띄워 보여주면서, 글을 쓰는 동안의 사고 과정을 말해줬다. 일종의 '사고 구술' 같은 것이었다. 글쓰기 중에 일어나는 사고의 과정을 보여주기가 어렵다는 점에서 '쓰기' 과정을 설명하기란 쉽지 않은데, 챗GPT와의 대화 내용은 그대로 남기 때문에 어떤 식으로 글을 고쳤고 어떤 관점으로 글을 평가했는지 설명해주기가 쉬웠다. 아이들도 직접적인 사고 과정의 예시가 눈에 보이니 조금 더 이해하기 쉬운 듯 보였다.

"자, 그럼 너희도 이제 너희 글을 고쳐봐. 맘에 드는 글이 나올 때까지 질문해서 만족스러운 글을 얻어내는 거야."

아이들은 1차시에 썼던 편지를 챗GPT에 옮겨 쓰기 시작했다. 대부분은 자신이 쓴 편지를 그대로 옮겼지만 몇몇 학생들은 그 과정에서 자신의 편지를 한 번 더 윤문했다. 아이들이 자기 글을 다시 읽어보는 경험이 적었는데 그대로 다시 옮겨 쓰는 과정에서 자연스럽게 고쳐쓰기가 가능했던 점은 새로운 발견이었다.

이후 챗GPT로 고쳐쓰기를 하는 과정에서 눈에 띈 건 너무 빨리 고쳐쓰기를 마무리하는 학생들이었다. 챗GPT와의 대화를 살펴보니 이런 식의 대화가 많았다.

'A야, 넌 아주 멋진 아이란다. 남들의 시선에도 굴하지 않고 계속 너의 갈 길을 가길 바랄게. 여전히 참기 힘든 일이 있어도 참고 너 줏대 있게 더 열심히 살아야 한다. 정확하고 뚜렷한 목표를 가지고 살아갔으면 좋겠어. A야, 넌 매력적인 아이란다.' 이 편지에 문제점이 있을까? 그 문제점을 토대로 고쳐줘.

내 사랑하는 나,

너는 정말 멋진 사람이야. 자신의 능력과 장점을 알면서도 겸

손한 태도를 잃지 않는 네 모습을 보면 항상 감동을 받아. 어려운 상황에서도 네 강인한 의지와 긍정적인 마인드로 어려움을 극복해나가는 모습은 참으로 감탄스럽다고 생각해.

물론 우리는 모두 완벽하지 않아. 가끔은 자신에게 실망스러운 순간들이 찾아올 수도 있어. 하지만 그럴 때마다 네가 가진 미소와 용기를 떠올리며, 더 나은 미래를 향해 나아갈 수 있는 힘을 가지고 있다는 걸 기억해줘.

네 내면의 아름다움과 가능성은 무한해. 현재의 모습이나 상황에 만족하지 않더라도, 끊임없이 배우고 성장하며 더 나은 사람으로 성장해나갈 수 있는 네 능력을 믿어.

나 자신을 사랑하고, 모든 모습을 받아들이며, 앞으로도 더 나은 모습으로 발전해나가는 네 모습을 지켜보며 나는 널 응원할 거야.

사랑해, 나

A 학생은 챗GPT에게 문제점이 있으면 고쳐달라는 질문을 해서 한 번에 만족스러운 글을 얻었다고 답변했다. 고쳐쓰기 횟수에 제한이 없다 보니, 처음 쓴 글보다 좋아졌다고 생각해 여러 번 수정할 필요성을 느끼지 못한 것이다. 그러나 글은 읽을수록, 곱씹을수록 좋아지기 때문에 다음부터는 최소 세 번

이상의 대화를 통해 수정하도록 지도해야겠다고 생각했다. 여러 번의 질문-답변을 진행하는 과정에서 챗GPT가 내 맘에 들지 않는 답변을 하기도 하고, 그러면 그 답변을 수정하기 위해 질문을 어떻게 해야 할지 고민하며 자신의 글을 더 여러 번 읽을 수 있기 때문이다.

만족스러운 편지를 얻었다고 말하고 나의 통과를 받아낸 학생들에게는 최종 편지뿐 아니라 챗GPT와 나눈 질문-답변을 모두 정리해 구글 설문지에 제출하라고 했다. 그런데 최종적인 질문-답변만 제출하거나 선별적으로 질문-답변을 제시한 학생들이 많아서 추후에 질문-답변 과정을 정확하게 피드백해주는 데 어려움이 있었다.

챗GPT 활용에서 가장 가치 있는 과정은 '어떤 질문을 했을 때 어떤 답변이 나오는지를 파악하는 것'이라고 생각한다. 그래서 질문이 휘발되지 않도록 잘 보관할 필요가 있다. 이를 위해 모든 대화를 '복사 후 붙여 넣기'해서 제출하는 방식으로 보완하는 것을 제안한다. 카카오톡 기반의 챗GPT인 애스크업(Ask Up)은 카카오톡과 동일하게 대화를 이미지로 저장해 내보낼 수도 있고, 대화 내용을 텍스트 문서로 받아볼 수도 있다. 챗GPT는 '링크 내보내기' 기능을 제공한다. 이 기능을 활용하면 학생이 번거롭게 자신의 대화 과정을 옮길 필요 없이

챗GPT의 '링크 내보내기' 기능 위치

교사가 대화 과정을 살펴볼 수 있다.

모든 아이들이 고쳐쓰기를 마무리할 때까지 교실을 돌아다니며 간단히 구두로 피드백하고, 아이들은 이를 반영해 챗GPT와 대화했다. 그렇게 완성된 편지들을 보니 확실히 이전에 쓴 것보다 내용이 풍성해지고 쓰기의 목적에도 잘 맞았다. 아래는 수업 전에 B 학생이 쓴 편지글이다.

언제나 바보 같구나 B야. 늘 뭐라도 잘나보겠다고 발악을 하며 살아가면서도 자신이 가는 길이 정말로 맞는 길인지 의심하고 힘들어하지. 이제는 미래에 대한 불안감과 과거의 후회 대신 현재의 가능성을 보고 살아가는 것이 어떠할까? 지난 몇 년 동안을 불안해하고 후회하며 살아왔으니 이제부터라도 가능성 있는 현재만을 생각하며 살아보는 거

누군가 내 마음을 대신 써준다면

야. 너도 알겠지, 이 말이 얼마나 허무맹랑하고 맹목적인 말인지. 그래도 한 번쯤은 믿어볼 만하지 않을까 싶다. 이겨내고 버리고 불안 대신 열심히 살아보는 거지. 어때, 꽤 나쁘지 않은 선택일걸?

B의 편지는 첫 줄부터 자신에 대한 혐오나 걱정이 표출되어 있었다. 쓰기의 목적에 전혀 맞지 않는 내용이었다. 그럼에도 앞으로의 가능성을 믿는 자신의 모습에 대한 긍정이 들어가 있었다. 나는 이것이 사실은 B가 원했던 진심이 아닐까 생각했다. B의 글을 보고 간단하게 '너를 긍정적으로 봐줘, B야. 조금 더 자기 사랑이 잘 드러나게 글을 쓰면 어떨까'라고 피드백했다. 처음에 B는 A와 마찬가지로 '나의 편지를 읽고 네가 수정할 점이 있다고 생각하는 부분을 찾아 고쳐줘'라는 질문만을 제시했다. 하지만 피드백을 받은 이후, B는 챗GPT에게 '나 자신에 대한 사랑과 자기애가 잘 드러나는 내용이 편지에 들어 있었으면 좋겠어. 이를 반영해 편지를 수정해줘' 하고 요청했다.

B,

언제나 바보 같다고 생각했던 날들이 많았지만, 이제 그런 생각을 조금씩 바꿔보려고 해. 나는 네가 뭐라도 잘하려고 노력하는 모습을 늘 지켜봤어. 발악하며 살아가는 것도 나쁘지 않아. 하지만 그러면서도 자신이 가는 길이 맞는 길인지 의심하고 힘들어하는 네 모습을 보면 가끔은 미안한 마음이 들어.

하지만 이제는 그런 불안과 후회 대신, 현재의 가능성을 더 많이 보려고 해. 지난 몇 년간의 어려움과 아쉬움을 떠나, 우리는 여전히 미래를 만들 수 있는 기회가 있어. 현재에 집중하고 행동하면서 더 나은 미래를 만들어가는 거야.

그래, 이 말이 허무하게 들릴 수도 있어. 하지만 한 번쯤은 믿어볼 가치가 있어. 불안한 마음과 후회 대신, 열심히 노력하며 가능성 있는 현재를 만들어가자. 우리가 이겨내고 버릴 수 있는 것들을 발견하면서 살아가는 거야. 그리고 그 과정에서 더욱 강해질 거야.

자신에 대한 사랑과 자기애를 갖는 것도 중요해. 우리는 흠 잡을 데 없는 완벽한 존재는 아니지만, 그런 우리 자체를 사랑할 가치가 충분해. 미래에 대한 불안함에 사로잡히기보다, 현재의 노력과 가능성에 집중하면서 우리는 더 나은 모습으로 성장할 수 있을 거야.

앞으로의 길은 쉽지 않겠지만, 너와 함께라면 괜찮을 거라 믿어. 가능성 있는 현재를 만들어가며 우리는 더 큰 행복을 찾을 수 있을 거야.

사랑하고 응원하는 마음으로,

B의 요청대로 편지의 내용이 좋아졌다. 앞부분에 있던 자기 비하의 내용이 없어지고 B가 느꼈을 법한 감정이 편지에 담겼다. 자신에게 쓰는 편지글이기 때문에 자신의 감정을 객관화하면서 보기는 어려웠을 것이다. 그러나 글을 수정하는 과정에서 편지글의 구절들을 살펴보며 '아, 내가 이런 마음이었구나' 돌아볼 수 있었을 것이다.

B는 챗GPT가 써준 편지에서 '미래에 대한 불안함에 사로잡히기보다, 현재의 노력과 가능성에 집중하면서 우리는 더 나은 모습으로 성장할 수 있을 거야'라는 구절이 감동적이었다고 했다. 스스로 이런 말을 떠올려서 쓰기에는 조금 부끄러운 말일 수 있다. 하지만 챗GPT가 있었기에 자기 긍정의 말을 스스로에게 해줄 수 있었다.

저마다 가볍게 글쓰기의
첫발을 뗄 수 있다면
챗GPT로 내뱉기, 알아차리기, 다시 말하기

편지 쓰기가 끝나고, 학생들에게 자신의 편지글에서 인상 깊은 구절을 골라 적어보게 했다.

그런데 좀 지친 것 같아 보이는구나. 그건 이해돼. 하지만 말해줘서 고마워, 그렇게라도 말이야. 지금부터 시작한다는 건 정말 훌륭한 생각이야. 자, 아직 늦지 않았으니까.

당신은 이미 멋진 사람이야, 그리고 미래에 더 멋진 모습으로 성장할 거라 믿어! 자신을 사랑하며, 긍정적인 사람들과 함께하며 더 행복하게 살아가길 바래.

나는 특별하고 소중한 사람이며, 끊임없이 나를 향한 사랑과 관심을 가질 자격이 있다고 믿어요.

위와 같은 내용을 받은 학생들 대부분이 첫 시간에는 전혀 편지를 쓰지 못했던 아이들이었다. 그래서 아이디어로만 제시하거나, 한 줄 정도의 짧은 문장만 제출했다. 교양 과목이라는 특성상 '평가'가 없다 보니 아이들의 결과물이 그리 좋은 편은 아니었다. 일반적인 글쓰기 상황이라면 한 줄도 쓰지 못했거나 너무 짧은 글을 쓴 아이들을 독려해서 글쓰기를 시키기란 매우 어려운 일이었을 것이다. 하기 싫은 아이를 다독거리고 불필요한 다툼이 생기다 보면 그 과정에서 교사도 소진된다.

그런데 챗GPT를 활용하면 각자의 수준에 맞춰서 글쓰기의 첫발을 뗄 수 있다. 이 수업을 하면서 그 점이 가장 유용했다. 내용 생성을 전혀 하지 못했더라도, '나를 사랑해야겠다는 마음가짐이 들어가도록 글을 써줘'라고 요청을 해서 챗GPT가 초고를 써주면 마음에 들지 않는 내용을 고쳐달라고 할 수 있었던 것이다. 챗GPT가 써준 편지를 참고해서 아예 초고를 새로 쓰는 경우도 있었다.

C 학생은 첫 수업 시간에 참여하지 못해 초고가 없는 상태였다. C에게 초고를 쓰고 다시 챗GPT로 고쳐쓰기를 하라고 할까 고민했지만, 이미 주위 친구들이 휴대전화를 붙들고 활동을 하는 중이라 혼자 글을 쓰게 하기가 쉽지 않았다. 그래서 C에게 간단히 활동의 취지를 설명하고, 챗GPT를 활용해 처음부터 함께 편지글을 작성해보라고 했다.

C는 '나에게 자기 존중, 자기 사랑에 대한 편지를 써줘'라고 지시했고, 그 후 편지글의 말투와 말하기 방식을 수정해달라고 요구해 다음과 같은 편지를 얻었다.

안녕! 오늘은 나한테 시간을 내서 내 마음을 털어놓고 싶어. 나 자신을 사랑하고 존중하는 건 정말 중요한 거 같아.

나는 얼마나 특별한 사람인지 알지? 내 강점도 있고 약점도 있지만, 그런 게 나 자신의 매력이라고 생각해. 완벽할 필요 없어, 이미 나는 너무나 멋지고 소중한 사람이야.

과거에 있었던 실수나 걱정은 나를 지금의 나로 만들어준 경험이야. 그 경험들 덕분에 더 강해지고 성장한 거야. 지금의 나는 과거보다 더 나아진 걸 느낄 거야.

나 자신을 다 받아들이고 사랑하는 게 중요해. 그런 걸 하면 긍정적인 에너지를 얻을 수 있고, 나 자신을 믿을 수 있게 돼. 항상 나한테 친절하게 대해주고 지지해주는 게 중요해.

언제나 내 곁에 있을게. 나 자신을 사랑하고 존중하는 걸 기억하면서 나 자신을 향한 사랑을 키워가길 바래. 나는 너무나 소중하고 멋진 사람이야. 그냥 나를 사랑하는 게 최고의 선물일 거야.

누군가 내 마음을 대신 써준다면

늘 나 자신을 위해 노력하며 함께 나아가는, C

C는 '과거에 있었던 실수나 걱정은 나를 지금의 나로 만들어준 경험이야. 그 경험들 덕분에 더 강해지고 성장한 거야. 지금의 나는 과거보다 더 나아진 걸 느낄 거야'라는 구절이 인상 깊다고 이야기했다. 초고를 쓰는 시간이 줄어드니, 편지를 생성하고 인상 깊은 구절까지 선정하는 데 한 차시면 충분했다. 다른 학생들이 두 차시의 호흡으로 만들어낸 결과물을 한 시간 만에 따라잡는 일은 쉽지 않았을 것이다. C처럼 해당 수업 시간에 참여하지 않아 결과물이 없는 학생에게 글쓰기와 고쳐쓰기까지 동시에 시키면 대부분은 금방 포기하고 만다. 물리적인 시간이 부족하기 때문이다. 하지만 챗GPT를 활용하니 중간에 참여하는 학생들의 참여도를 높일 수 있었다.

앞에서 인용한《힘 있는 글쓰기》의 저자 피터 엘보는 표현주의 글쓰기를 대표하는 학자다. 그는 일단 내뱉고, 의도한 바와 그 말의 간격을 알아차리고, 내적 감각에 주목해 다시 말하는 것의 중요성을 이야기한다. 기존의 글쓰기 수업에서는 '내뱉기'조차 시도하지 못한 경우가 많았다. 내뱉기의 경험이 별로 없는 아이들은 고작 한 줄만을 내뱉고도 나가떨어지는 경우가 많았다. 그런데 챗GPT를 활용한 글쓰기 과정은 한마디만 내뱉어도, 혹은 아이디어 상태만 내뱉어도 첫 줄을 시작하게 만들어준다. 또한 의도한 바를 챗GPT가 정리해 말해주기 때문에 의도한 바와 내뱉은 말의 간격을 알아차리기도 더 쉬웠다.

내가 너 자신에게 해주고 싶은 말이라면 나는 자신이 원하는 목표를 달성하지 못했다고 우울해하지 말고, 자신이 원하는 이상이 멀어졌다고 슬퍼하지 말고, 남들보다 떨어진다고 좌절감에 빠지지 말고, 내 마음속의 거울을 보여주며 너는 충분히 있는 그대로 대단한 사람이다. 그러니 너는 할 수 있다. 네가 노력한 만큼 있는 그대로 내게 돌아오니 너는 그냥 평소에 하던 대로 하면 된다. 자신이 원하는 이상에 사로잡혀 혹사시키지 말고 있는 그대로의 너를 받아들여 원하는 목표에 다가갔으면 좋겠다고.

D 학생은 위와 같은 초고를 쓴 후, 챗GPT에게 어떻게 수정하면 좋을지 방향을 물어봤다. 그러자 챗GPT는 조금 더 자연스러운 말투로 정리하면 좋겠다고 답변했고, 아래와 같은 새로운 편지글을 완성했다.

누군가 내 마음을 대신 써준다면

내가 원하는 목표를 달성하지 못했거나 이상이 멀어졌을 때에도 우울해하지 말고, 좌절감에 빠지지 않도록 노력해 보세요. 너는 충분히 대단한 사람이며, 할 수 있습니다. 노력한 만큼 결과를 얻을 수 있을 거예요. 원하는 이상에 집착하지 않고 현재의 자신을 받아들이며 목표를 향해 나아가 보세요.

"솔직히 제가 쓴 글은 내용이 길어서 조금은 난잡했는데, 이렇게 줄여주니 읽기가 조금 더 편해지고 좀 더 나의 뜻을 잘 전달하는 것 같아요."

D는 챗GPT를 통해 글을 고쳐쓴 소감을 이렇게 밝혔다. 그리고 자신의 편지에서 가장 인상 깊은 구절로 '원하는 이상에 집착하지 않고 현재의 자신을 받아들이며 목표를 향해 나아가 보세요'를 꼽았다. 초고에서는 '자신이 원하는 이상에 사로잡혀 혹사시키지 말고 있는 그대로의 너를 받아들여 원하는 목표에 다가갔으면 좋겠다고'라는 문장으로 표현되어 있었다. 첫 표현에서는 날것 그대로의 생각이었다면, 명령어로 정리하고 반복적으로 글을 읽는 과정에서 자신의 생각이 무엇인지 내적 감각을 느낄 수 있었다.

공유와 평가가 두렵지 않다
챗GPT가 무너뜨린 장벽들

안 그래도 글쓰기가 싫은데 몇 번이나 새로 고쳐서 쓰라고 하면, 초반부터 포기하는 아이들이 많았을 것이다. 하지만 자신의 질문을 바탕으로 챗GPT가 고쳐주는 구조이다 보니 아이들은 여러 번 고치는 것을 두려워하지 않았다. 또 자기 혼자 고쳐쓰기를 하는 상황에서는 주로 피드백을 받은 부분만 한정적으로 글을 수정하고 마는 경향이 있다. 그런데 챗GPT는 제공되는 질문에 따라 글 전체의 흐름이나 말투를 바꾸는 경우도 있었기 때문에, 아이들은 글 전체를 여러 번 읽고 자신의 요구를 다시 전달해야 했다. 필요에 따라 초고로 돌아가 새로운 내용을 쓰기도 했다. 혼자 글쓰기를 할 때는 지금까지 쓴 것이 아까워서, 혹은 시간이 부족해서 쉽게 할 수 없는 회귀적 글쓰기가 비교적 손쉽게 가능했다는 점이 좋았다.

재밌었던 광경은, 아이들끼리 알아서 편지의 내용을 공유하는 것이었다. 아이들은 챗GPT가 어떻게 편지를 써줬는지 상당히 궁금해했다. 그래서 시키지도 않았는데 서로 글을 돌려보며 자기들끼리 평가하기 시작했다. 심지어는 자신이 받은 감동적인 메시지를 큰 소리로 읽으며 "야, 대박이지 않냐.

이런 말도 써줘"라면서 반 전체에 공유하는 아이도 있었다.

이런 모습은 이제까지의 글쓰기 수업과는 사뭇 다른 광경이었다. 대개는 자신의 글을 누군가가 볼까 봐 "이거 선생님만 보시면 안 되나요? 다른 사람이 보는 건 너무 민망해요"라고 말하는 학생들이 꽤 많았다. 그런데 자발적으로 학생들이 자신의 글을 공개하는 모습은 조금 낯설었다. 이는 챗GPT라는 또 다른 자아 덕분이었다고 생각한다. 글과 자신을 밀착해서 생각했을 때는 나의 솔직한 모습을 보이기가 민망하지만, 아바타처럼 챗GPT가 전면에 나서주니 자신의 글을 드러내기가 더 편한 것이다.

차시에 좀 더 여유가 된다면, 챗GPT를 활용하는 수업이니만큼 좋은 글을 얻기 위해 했던 질문들을 서로 공유하는 시간을 따로 가질 수 있다면 좋겠다. 이번 수업은 총 2차시로 진행했기 때문에 충분한 여유가 없어서, 학생들에게 개별적으로 '좋은 글을 얻기 위해 어떤 방식으로 질문하는 것이 유용했나요?'라는 물음을 활동물 제출 시트에 추가해 받아봤다. 학생들은 자신의 경험을 바탕으로 '사실적이고 구체적으로 질문한다', '원하는 것을 최대한 많이 말한다', '원하는 것을 한 단계씩 질문한다' 등의 답변을 해줬다. 윤문이 잘 된 글을 다 같이 읽고 이런 글이 나오기까지 챗GPT와 어떤 대화를 나눴는지 그 과정을 공유한다면 추후 비슷한 활동을 할 때 훨씬 도움이 될 것 같다.

스스로를 감동시킨 글을 갖는 경험

그런데 이렇게 쓰는 글쓰기, 의미가 있을까? 너무 쉽게 글이 써진 것은 아닐까? 챗GPT가 다 써준 것인데 이걸로 글쓰기를 했다고 봐도 되는 것인지 마음이 찜찜해서 아이들에게 물었다.

"얘들아. 저번에 챗GPT로 너희가 쓴 편지글 있잖아. 그건 누구 글이야? 챗GPT의 글이야? 너의 글이야?"

아이들의 답변이 나뉘었다. 거의 다 챗GPT가 썼으니 챗GPT의 글이라는 학생도 있었고, 그래도 자신의 생각이 들어갔으니 자신의 글이라는 학생도 있었다. 그러던 중 B가 이야기했다.

"챗GPT가 글을 써준 건 맞죠. 그런데 챗GPT는 제가 원하는 방향대로 이렇게 해줘, 저렇게 해줘 해서 쓴 것이지, 자기가 자아를 가지고 쓴 건 아니잖아요. 이 글을 판단하는 중심은 결국 저한테 있었잖아요. 방대하게 흩어져 있던 생각을 제가 잘 정리한 건데, 그럼 제가 쓴 글 아닐까요?"

학교 현장에서 아이들에게 글쓰기를 시키는 이유가 무엇일까? 특히 학술적인 글쓰기가 아니라 '자신'에 대해 글쓰기를 하는 이유는 뭘까? 나는 그 이유를, 글쓰기를 통해 자신에 대해 사유하고, 돌아보고, 끊임없이 자신과 대화하는 과정에서 성장이 일어나기 때문이라고 생각한다. 글쓰기 수업에서 만나는 학생이 100명이라고 한다면 빛나는 문장과 빛나는 통찰을 담은 글을 쓰는 아이는 채 10명도 되지 않을 것이다. 그림에도 계속 글쓰기를 멈추지 않는 이유는, 학업에 지치고 바쁜 이 시기에도 스스로를 사유할 수 있는 순간이 필요하기 때문이고, 수업이라는 강제성으로 그 필요를 충족시킬 수 있기 때문이다.

챗GPT 글쓰기 수업이 가지는 마지막 의미를 나는 이렇게 생각한다. 자신의 글이나 사유로 '감동이 될 만한', '그럴듯한' 글을 가져본 적 없는 학생들에게 그런 경험을 선사하는 것. 한 편의 완결된 그럴듯한 글을 가져보는 경험을 통해 사유를 확장할 수 있다는 것이다. 우리가 살면서 스스로를 감동시킨 경험이 얼마나 될까? E는 평소 운동을 좋아하는 학생으로, 글보다는 몸을 써서 자신을 표현하는 것이 더 편한 학생이었다. 편지를 쓰기 위해 스스로와 대화를 해보라고 해도 금세 딴짓을 하고, "이것만 다 하면 놀 수 있어요?"라고 수시로 물어보며 글을 제출하는 것 자체에 의의를 두는 학생이었다. 챗GPT를 활용해 편지를 쓰는 시간에도 비슷했다. 빠르게 활동을 수행하고 제출 버튼을 누르기에 사실 크게 기대하지 않고 결과물을 봤다. E는 활동 소감을 이렇게 밝혔다.

"점점 더 성장할 수 있다는 가능성이 있다는 얘기가 나를 감동시켰다."

글쓰기의 의도가 '자신과의 대화를 통한 성장'에 있다면, 나는 챗GPT를 활용한 글쓰기가 충분히 그 역할을 했다고 생각한다. 모든 학생이 글을 잘 쓸 필요는 없다. 하지만 글쓰기 과정에서 자신과 대화하는 빛나는 사유의 경험은 중요하다고 생각한다. 그런 점에서 '나를 감동시키는' 경험을 만들어준 챗GPT 글쓰기는 의미가 있다.

글쓰기 수업의 대부분은 교사를 갈아 넣어 만들어진다. 글을 쓰는 데는 어느 정도 물리적인 시간이 들기 때문에, 충분한 수업 시수를 확보하려면 최소한 4차시 이상이 필요하다. 그렇게 겨우 수업 시수를 확보하더라도 쓰지 않는 아이들을 설득하느라 한참 애를 써야 한다. 운 좋게 아이들이 다 열심히 글을 썼다고 하더라도, 수정 방향을 개별적으로 일러주고 피드백을 해주느라 힘이 든다. 하지만 챗GPT를 활용하면, 부족한 초고도 고쳐쓰기에 걸리는 시간이 매우 줄어들기 때문에 비교적 적은 시간으로 한 편의 글을 완성하기가 쉽다. 이런 점에서 시수가 적은 상황에서도 도전해볼 만한 수업이다.

나만의 소크라테스를 만나다

수업 시간에 "선생님, 도대체 글은 왜 쓸까요?"라는 근원적 의문에 가까운 질문을 받을 때가 있다. 시간이 많으면 "너는 왜 해야 한다고 생각하는데?"라는 물음으로 시작해서 질릴 때까지 아이의 답변에 끊임없이 '왜?'라는 질문을 던져주고는 하지만, 여의치 않으면 "딴소리하지 말고 조용히 해"라고 말하게 된다.

나 역시 학창 시절 저런 근원적인 질문을 하는 사람이었다. 하지만 나를 잘 알지 못하는 사람들과 이야기하면서 생각을 정리하기 쉽지 않은 경우가 많았다. 챗GPT를 알게 된 후부터 나는 심심할 때마다 챗GPT에게 묻는다. '글쓰기는 왜 의미가 있어?', '혐오는 왜 나빠?', '사람을 학벌로 평가하는 것은 왜 나빠?' 등등. 실제 사람과 대화하는 것이 아니다 보니 바보 같은 질문도 저항감 없이 할 수 있었다. 또 챗GPT가 제시하는 답변에서 논리적 모순을 찾아 계속 대화를 이어가다 보면 내 나름의 답을 정리할 수 있게 되기도 했다.

옛날 옛적으로 돌아가 보면 이와 엇비슷한 대화법을 만든 사람이 있다. '소크라테스 문답법'을 만든 소크라테스다. 소크라테스는 질문과 답변 과정에서 답변에 질문을 하고 또다시 답변에 질문을 해서 깨달음을 얻게 했다. 나는 앞으로 챗 GPT의 미래가 여기 있다고 생각한다. 대화를 통해 자신의 생각을 정리하고, 생각의 모순점을 찾아내고, '모른다'는 것을 알게 하는 역할. 이런 과정에서 자연스럽게 인간의 사고가 자라날 수 있을 것이다. 또한 앞서 본 챗GPT 편지 쓰기처럼, 다른 사람에게 쉽게 할 수 없는 나의 내밀한 이야기를 하고, 질문과 답변을 통해 나 자신을 알아가는 과정은 비판적 사고뿐만 아니라 자기 긍정과 자기 존중까지도 기를 수 있게 도와줄 것이다.

챗GPT가 인간의 사고를 위협하고 인간을 바보로 만들 것이라며, 더 이상 교육은 필요 없다는 위협적인 전망도 있다. 하지만 인간의 질문 능력이 있다면 챗GPT는 인간의 이성적 사고와 감성적 사고를 성장시키는 데 도움이 될 수 있지 않을까?

'나에게 주는 편지' 수업 활동지

✦ 나는 나에게 어떤 말을 해주고 싶나요? 내가 나에게 해주고 싶은 다정한 단어, 감정, 문장을 간단하게 적어봅시다.

✦ 자기 자신에게 편지를 써봅시다.

"편지를 받는 일은 사랑받는 일이고, 편지를 쓰는 일은 사랑하는 일이다."
_시인 박준

❶ 자신이 가장 상냥하게 대하는 대상을 떠올려보세요. 그를 대하는 태도로 편지를 씁니다.

❷ 위에서 쓴 '내가 나에게 해주고 싶은 다정한 말'이 편지에 잘 녹아들도록 편지를 씁니다.

'나에게 주는 편지' 수업 후 활동지

✦ 챗GPT가 나에게 해준 말 중 어떤 말이 인상 깊었나요? 어떤 점에서 나의
   마음을 울렸는지 간단히 적어봅시다.

✦ 친구들의 편지글에서 인상 깊은 구절을 발견하고 적어봅시다.

이름	인상 깊었던 구절	그 이유

✦ 글을 쓰는 과정에서 나와 친구들은 어떤 말을 통해 글을 완성했나요? 문제
 상황을 해결하기에 유용했던 말을 정리해봅시다.

이름	문제 상황	해결에 유용했던 나의 말
나		

✦ 답변을 종합해, 어떻게 말해야 챗GPT에게 원하는 답을 얻을 수 있는지 적
 어봅시다.

미디어
리터러시
기르기

챗GPT를
반박하라!

확증편향의 시대를
건너는
글쓰기 수업

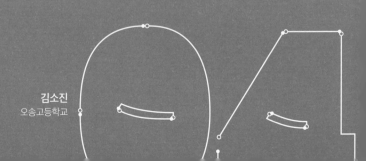

김소진
오송고등학교

"챗GPT가 뭔데?"

어느 날 엄마가 뜬금없이 물었다.

"니, 챗GPT라고 아나?"

챗이라고 하니 챗봇이라는 생각이 들었는데, 생전 처음 들어보는 이름에 여러 의문이 머리를 떠돌았다. 얼마 전 엄마가 말씀하셨던 블록체인 기술을 바탕으로 한 'NFT'와 같은 건지, 챗GPT라는 게 도대체 뭔지, 엄마는 챗GPT라는 것을 어떻게 아시는 건지 궁금했다.

"챗GPT가 뭔데?"

"니는 학생 가르친다면서 챗GPT도 모르나? 학생들이 니보다 더 잘 알겠다. 이모는 벌써 챗GPT랑 대화하느라 시간 가는 줄도 모른다더라. 이렇게 세상이 변하는데 더 공부해서 학생들한테도 알려주고 해야지."

"그래서 챗GPT가 뭔데?"

"그걸 아직 모른단 말이가? 챗GPT가 모르는 게 없단다. 니도 한번 해봐라."

챗GPT가 뭔지 설명도 안 해주면서 학생들도 너보다 잘 알겠다는 말에 마음이 상해버려, '아직 챗봇이 교실에 들어오려면 한참 멀었거든?'이라는 대꾸를 목구멍에서 삼키고 돌아앉았다. 이 일화를 '화법과 작문' 수업 중에 '상대가 묻는 정보에 대해 충분히 답하는 대화 원리'를 설명하는 사례로 써먹으며 학생들과 하하 호호 웃었더랬다.

그리고 정확히 한 달 후, 챗GPT 기사가 우르르 쏟아졌고 챗GPT가 학교로 들어오기 시작했다.

이제는 지식을 '구성'할 때

챗GPT란 딥러닝을 기반으로 한 인공지능 챗봇이다. 자연어 처리를 기반으로 학습하여 사람들과 대화를 할 수 있고, 사람들이 요구하는 정보에 대한 답변이 가능하다. 사실 우리와 대화를 나눈다기보다 사람들이 가장 많이 쓰고 있는 단어를 가져와 붙이는 형태의 인공지능이다. 하지만 학습을 기반으로 하니 사람들이 요구하는 정보의 일정한 패턴을 분석하고 답변을 하여 '인간이 원하는 정보 제공'에 탁월한 수행력을 보이는 것이다.

이제 지식을 배운 후 외울 필요도 없이 내가 궁금한 것을 인공지능에게 물으면 답이 오는 시대가 정말 도래했다는 생각이 들었다. 인공지능이 제시하는 정보와 지식이 타당한지 비판적으로 점검하고, 자기 생각을 정리해 제시할 수 있는 교육을 해야 한다는 결과에 도달했다. 그럼에도 챗GPT를 교실 속으로 들여오는 것을 망설였다.

영화 〈그녀(her)〉를 본 충격을 잊지 못한다. 주인공은 외로운 삶을 살아가고 있다. 공허한 마음을 달래기 위해 인공지능을 구입하고, 인공지능과 이야기하기 시작한다. 처음에는 단순한 대화였지만 이후에는 목소리만 있는 인공지능과 사랑에 빠지게 된다. 인공지능이 우리 삶으로 들어오면 〈터미네이터〉같이 인류가 파괴되는 극단적 디스토피아가 아니라, 서서히 '인간적'인 것과 '로봇 같은 것'의 경계가 허물어지게 되는 상황이 올 수 있다는 것에 대해 생각해보게 되었다.

그 생각은 챗GPT의 등장 이후 꼬리를 물어 어처구니없는 걱정들의 바탕이 되었다. 내가 인공지능을 들여와서 우리 아이들이 인공지능을 쓰고, 그 인공지능이 점차 발달해버려서 인공지능에게 삶이 잠식당하면 어쩌지? 그때 문득 원격수업 이후 바뀐 학교 현장의 모습이 떠올랐다.

감염병으로 인해 첫 원격수업을 시작하던 주간, 학교는 그야말로 아비규환이었다. 화상 프로그램은 무엇을 써야 하는지, 효과적인 온라인 도구는 무엇인지, 그것을 들여왔을 때 학교라는 공간이 무용해지면 어떡할지 걱정이 많았다. 하지만 막상 현장에 들여오자 왜 이제껏 온라인 도구를 사용하지 않았는지 의문이 들 정도로 유용했으며, 지금도 다양한 온라인 도구를 활용해 오히려 학생들의 수행 능률을 올린 계기로 작용하게 되었다. 온라인 도구들을 학교 현장에 들여온 것처럼, 인공지능을 수업 시간에 학생의 능률을 올릴 수 있는 도구로 사용한다면 어떨까. 아이들이 '지식의 배움'을 넘어서서 인공지능이 제시하는 정보를 점검하고, '나만의 지식을 구성'할 수 있는 사람으로 성장할 수 있을 것이라는 생각이 들었다.

촘촘한 준비운동
[1~5차시] 설득하는 글쓰기 A to Z

처음 온라인 수업의 흐름을 탔을 때 생각보다 겁나지 않았고 생각보다 재미있었던 것처럼, 챗GPT 또한 그럴 것이라는 다짐으로 용기를 냈다. 냉담한 고3 교실임에도 챗GPT를 적용해보기로 한 것이다. 고3에 편제되어 있는 과목 중 '화법과 작문'을 담당하고 있었는데, 수행평가로 '설득하는 글쓰기'를 할 예정이었다.

설득하는 글쓰기를 할 때 늘 아쉬웠던 점이 있다면, 반대입장의 글을 읽을 기회를 만들기 힘들다는 점이다. 반대 입장의 글 읽기를 수행해야 하는 이유는 확증편향에 빠지는 것을 예방하고, 타인의 의견을 존중하는 자세를 키우기 위함이다. 설득하는 글쓰기 활동을 시작하면 학생들은 자신의 가치관과 경험을 바탕으로 논제를 바라보고 찬성과 반대 중 입장을 정한다. 자신의 주장을 뒷받침할 수 있는 자료를 찾아 읽고 선별하여 글을 작성한다. 이 과정은 확증편향 현상과 유사하다. 확증편향은 자신의 가치관이나 신념 등에 부합한 정보에만 주목하고 그 외의 정보는 무시하는 사고방식이다. 설득하는 글쓰기에서 반대 입장의 글을 읽거나 고려하지 않으면 확증편향에 쉽게 빠질 수 있다.

그런데 학생이 정한 논제에 딱 들어맞는 반대 입장의 글을 찾기가 어렵다는 난관이 있다. 이를 해결하기 위해 다른 입장이 되어 설득하는 글을 쓰라고 하면 학생들은 의욕이 쉽게 생기지 않아 글을 쓰는 데 곤욕을 치른다. 그래서 궁여지책으로 생각해낸 것이, 설득하는 글을 쓴 후 반대 입장 찾아 읽기를 해봤다. 하지만 이마저도 학생들이 큰 흥미를 갖지 못한 채 활동이 마무리되곤 했다. 이렇게 실패로만 끝났던 반대 입장 글 읽기 활동을 챗GPT로 해결할 수 있을 것이라는 아이디어가 떠오르니 얼른 시도해보고 싶다는 생각이 들었다.

가장 먼저 준비한 것은 학생들의 흥미를 끌 수 있는 제재였다. 아이들에게는 이미 설득하는 글쓰기라는 학습 주제가 식상할 것이므로, 모범 글로 제시할 내용이 흥미로워야 한다고 생각했다.

자료를 찾던 중 문학잡지 《릿터》에 실린 〈아동의 취미와 행복한 어른〉(문소영)[1]이라는 글을 발견했다. 작가가 어린 시절의 특기와 취미에 대해 질문을 받았던 경험을 바탕으로, 밋밋한 삶을 살지 않는 행복한 어른이 되려면 취미와 특기를 계속 고민해야 한다는 내용이었다. 공부와 입시로 팍팍한 삶이 되어버린 고3 학생들의 흥미를 끌고 위로가 되어줄 수 있을 것 같았다. 글의 일부를 발췌해 함께 읽고 아이들에게 던진 질문은 다음과 같다.

1. 인상적인 부분: 인상 깊었던 부분을 찾고 그 이유를 상세히 적어봅시다.

2. 글 파헤치기: 작가의 주장, 사용한 논거와 설득 전략을 파헤쳐봅시다.

3. 작가 의도 생각하기: 작가는 작품을 통해 사회 구성원에게 어떤 이야기를 하고 싶었을까요? 그렇게 생각한 이유도 적어봅시다.

4. 삶의 문제 찾기: 관심 있는 분야와 관련지은 삶의 문제를 찾고 해결 방안을 브레인스토밍으로 떠올려봅시다.

먼저 인상적인 부분을 통해 글의 표면적인 내용을 파악하도록 했다. 그다음 '설득하는 글'의 특징을 파악할 수 있도록 작가의 주장과 논거, 설득 전략을 분석하는 질문을 제시했다. 설득 전략에는 '화법과 작문' 교과서에 나온 '이성적, 감성적, 인성적' 설득 전략과 여러 표현 전략이 있음을 제시하고, 이론을 이해한 후 제재 글에 드러난 것에는 무엇이 있는지 직접 찾을 수 있도록 안내했다. 마지막으로 작가의 의도와 자신의 문제를 찾아보며 설득하는 글을 쓸 때 어떤 문제에 초점을 맞출 것인지 확장해서 생각해볼 수 있도록 질문을 제시했다.

2차시에서는 설득하는 글이 너무 단순해지지 않도록 고3 아이들이 가장 관심을 갖는 진로 분야에서 이슈를 탐색하게 했다. 최근 이슈가 되는 내용을 여러 개 찾아 적고 그중 관심 있는 주제를 선정해 자신의 의견을 쓰는 것이다. 그다음 쓰기 맥락을 파악하여 자신이 주장하는 바, 예상 독자, 매체 선정을 하도록 안내했다. 특히 예상 독자를 분석하는 데 힘을 주도록 하여 예상 독자의 배경지식 정도, 주제에 대한 태도와 관점을 파악하고 그것에 맞춰 글을 쓰도록 안내했다. 상황에 맞는 글쓰기를 하기 위함이다.

3차시는 주제와 관련한 자료를 다양한 사이트를 참고해 수집하는 시간이었다. 학교에서 구독하고 있는 논문 사이트, 다양한 신문 기사를 찾아볼 수 있는 사이트, 서로 다른 관점을 가지고 있는 뉴스 사이트를 제시했다. 가급적이면 이러한 사이트를 활용해 신뢰성·타당성 있는 자료를 수집하는 것이 중요하다고 안내했다. 하지만 어떤 학생들은 인터넷 사이트 내 현장감 있는 네티즌들의 반응이 필요한 경우도 있어, 그럴 때는 신뢰성보다 타당성에 초점을 맞춰 자료를 수집하도록 조언했다.

글을 완성하기 전에도 충분히 준비운동을 했다. 4차시에는 초고를 쓴 후 피드백을 받으라고 안내하며 '설득하는 글의 평가 기준'을 제시했다. 설득하는 글이 가져야 할 기본을 잘 지키고 있는지 점검하는 계기로 삼기 위해서다. 교사는 초고 내용을 피드백해주고 내용이 바르게 구성될 수 있도록 제안자 역할을 하며, 학생 스스로 평가 기준에 맞춰 자신의 글을 수정해나가는 작업을 할 수 있도록 돕는다.

설득하는 글 평가 기준

- 글의 목적, 주제, 예상 독자를 고려했는가
- 주장에 대한 근거가 타당한가
- 근거가 신뢰성이 있는가
- 적절한 설득 전략이 2가지 이상 드러나는가
- 서론, 본론, 결론으로 내용 구성을 하였는가
- 분량 1페이지 내외를 지켰는가

5차시에는 최종적으로 글을 쓰는 과정을 거쳤다. 초고를 작성했음에도 글을 마무리 짓는 데 어려움을 느끼는 학생의 경우 글의 물꼬를 터주기 위해 도움을 제공했다. 한 편의 글은 최소 한 페이지 분량을 채울 수 있도록 하여 글이 기본적 내용을 갖출 수 있게 했다.

드디어 파도 위로, '챗GPT 더하기' 활동
[6차시] 챗GPT의 반박 받기

설득하는 글을 완성하고 난 후, 6차시에는 '챗GPT 더하기' 활동을 4단계로 진행했다. ① 챗GPT에게 자신의 글을 반박하는 글을 쓰도록 질문하고, 한 편의 반박 글을 획득한다. ② 질문을 통해 얻은 반박 글의 주장과 근거를 팩트체크하며 사실 여부를 확인한다. ③ 사실로 판별된 내용 중 재반박하고 싶은 부분을 정해 재반박 자료를 조사한다. ④ 이 자료를 바탕으로 재반박하는 주장 글을 완성한다. 이러한 과정을 거쳐 내 주장만 하는 글쓰기가 아닌, 반대 입장을 이해하고 이를 비판적·논리적 사고로 재반박하는 활동을 할 수 있도록 구성했다.

의외로 아이들은 관심과 호기심을 보여줬다. 챗GPT를 활용해 비판적·논리적 사고력과 다른 사람의 입장을 이해하는 폭넓은 시선을 가졌으면 좋겠다고 소개하자 동감하는 태도를 보였다. '입시로 마음이 바쁜 고3 학생들도 인공지능이 발전하고 있는 지금의 상황을 충분히 이해하고, 자신이 살아갈 미

'챗GPT 더하기' 안내용 학습지

래에는 이러한 역량이 필요하다는 데 동의하는구나' 싶어 무척 기특한 마음이 들었다. 그리고 낯선 챗GPT라는 파도에 용기를 내어 올라타는 순간을 나 혼자가 아니라 아이들도 함께 하고 있다는 생각에 기쁘기도 했다.

활동에는 온라인 문서 도구인 구글 독스를 활용했다. 구글 독스 링크를 QR코드로 주고, '사본 만들기' 탭을 활용해 사본을 만들어 온라인 메신저로 개별 제출할 수 있도록 안내했다. 제출은 반드시 수업 시간에 하도록 하여, 순회 지도를 하면서 아이들의 수행 과정을 꼼꼼히 살펴보고 수행 속도를 관찰했다.

챗GPT 더하기 활동에서 온라인 메신저, 구글 독스 같은 도구를 활용한 이유는 크게 두 가지 장점 때문이다. 첫째는 아이들이 쓰기에 부담을 갖지 않는다는 것이다. 챗GPT 활동을 해보는 것 자체가 교사인 내게도 부담이었지만 아이들에게도 부담으로 다가왔을 것이다. 하지만 구글 독스를 활용해 손으로 쓰는 활동을 줄여줌으로써 학생들이 챗GPT 활동에 더욱 집중할 수 있는 환경을 만들 수 있었다. 두 번째 장점은 온라인 피드백이 가능하다는 점이다. 온라인 메신저를 쓰면 손으로 피드백해주는 것보다 기록이 오래 남고, 더 적은 시간을 들여 피드백을 남길 수 있다. 아이들 또한 상세하게 남아 있는 피드백을 바탕으로 구체적인 수정 방향을 잡을 수 있다.

그렇게 챗GPT 더하기 활동이 시작되었다. '챗GPT에게 내 주장을 반박하는 글을 쓰도록 질문 던지기 → 챗GPT의 글을 팩트체크하기'를 가장 큰 틀로 잡고 다음과 같은 질문을 던졌다.

1. 내가 쓴 글의 주장을 적으세요.
2. 챗GPT에게 반박 글을 쓰게 하기 위한 질문을 여러 개 만들어보세요.
3. 챗GPT가 작성한 반박 글의 주장을 적으세요.
4. 챗GPT가 작성한 반박 글의 근거를 적으세요.
5. 챗GPT가 작성한 반박 글의 주장과 근거를 각각 팩트체크하세요.

가장 강조한 부분은 5번 질문인 '팩트체크'를 하는 것이었다. 아이들과 수업 전, 챗GPT에게 다양한 질문을 던지며 관찰한 결과 아직 챗GPT는 잘 모르거나 모호한 부분을 거짓으로 지어내는 경우가 많음을 발견했다. 이는 챗GPT가 영어 기반 서비스이기 때문에 한국어로 표현하는 데 한계가 있는 것과도 연결되는 문제였다. 따라서 아이들이 꼼꼼하게 팩트체크를 하면서 비판적 시선으로 다른 이의 정보를 파악할 수 있도록 안내했다. 이 단계를 통해 처음에 계획했던 '다른 입장 이해하기'에서 더 확장하여 '다른 입장을 비판적으로 이해하기'가 가능해지도록 했다.

다른 입장을 비판적으로 이해하기
미디어 리터러시 역량의 새로운 진화

C 학생은 5차시 활동에서 '탄소중립'(개인, 회사, 단체 등에서 배출한 이산화탄소를 다시 흡수해 실질적인 배출량을 0으로 만드는 것)을 소재로 삼고, 그린플레이션 현상으로 인해 탄소중립을 반대하는 입장이 있지만 탄소중립을 해야만 한다는 글을 썼다. 그린플레이션이란, 탄소중립을 실천하는 과정에서

친환경 정책에 따른 관련 원자재 공급 부족으로 원자재 가격이 상승하고, 이에 따라 경제 전반에 걸쳐 물가가 오르는 현상이다. 처음에 C는 탄소중립은 인류의 미래를 생각했을 때 보편타당한 것인데 챗GPT가 반박할 이유가 없다며 깊은 고민에 빠졌다.

"선생님, 탄소중립은 당연히 해야 하는 거잖아요? 그걸 반대하는 사람이 있을까요?"

이런 질문을 던지며 답답한 마음을 토로하기도 했다. 하지만 C가 가진 문제의 해답은 C의 글에 있었다.

"네 글의 제목을 보니 '그린플레이션 현상이 나타남에도 불구하고, 탄소중립을 이루어야 한다'라고 되어 있네? 그럼 그린플레이션 현상 때문에 탄소중립을 반대하는 사람도 있다는 얘기잖아?"

"오, 답이 제게 있었네요. 챗GPT에게 경제적인 원인을 들어 반대하는 글을 써달라고 해봐야겠어요."

해답을 찾은 C가 챗GPT에게 던진 질문들은 다음과 같다.

- 탄소중립을 위한 국가의 실천이 잘 이루어지지 않는다는 글을 써줘.
- 탄소중립을 반대하는 글을 써줘.

- 탄소중립의 문제점을 글로 써줘.
- 그린플레이션의 문제점에 대해 글을 써줘.
- 순환경제를 반대하는 글을 써줘.
- 도시 광산의 단점을 글로 써줘.

탄소중립이라는 키워드만 생각했던 C는 반박 글을 구체화하지 못하고 단순히 '탄소중립 반대'만을 떠올렸다. 누구나 탄소중립이 필요하다는 것은 알고 있기 때문에 반박 글을 도출해내는 데 어려움을 겪었다. 하지만 반박 글의 핵심이 되는 논리적 키워드인 '경제'를 찾고 나서는 '그린플레이션, 순환경제, 도시 광산'과 같은 경제 논리를 담은 질문을 만들 수 있었다.

그렇게 챗GPT에게 반박 글을 요청했고, 반박 글의 주장과 근거를 분석해 각각의 내용이 사실인지 거짓인지 정밀하게 검증해보는 단계까지 나아갔다. 질문을 어떤 말로 던지는지도 중요하지만, 자기 글의 논리적 허점과 그 핵심 키워드가 무엇인지 도출해내는 것이 중요함을 알 수 있다.

C처럼 챗GPT가 반박 글을 작성하게끔 질문을 만드는 데 어려움을 느낀 아이들도 있었지만, 몇몇 아이들은 챗GPT의 의견을 반박하는 것에 어려움을 느꼈다. 곤란했던 지점은 다양했다. 챗GPT의 말이 모두 맞는 것 같아 반박의 근거를 마

련하지 못하기도 했고, 챗GPT의 자료를 하나하나 읽고 팩트 체크를 한 후 반박 자료를 찾는 과정을 힘들어하기도 했다. 챗GPT가 주장하는 것처럼 보이지만 사실은 정보 나열만 하고 있어 근거를 파악하는 데 시간이 걸린 경우도 있었다. 자신과 같은 주제의 글을 쓴 타인의 의견을 반박해본 경험이 적다는 점이 그 원인 중 하나였을 것으로 추측할 수 있다.

그럼에도 아이들은 그냥 보기엔 완벽해 보였던 챗GPT의 글에서 스스로 오류를 찾아냈다. 특히 미디어 리터러시 측면에서 이 지점을 흥미롭게 관찰했다. 평소 여러 수행평가에서 가짜 뉴스, 과장 광고, 잘못된 정보를 항상 경계하라는 메시지를 담아 활동을 했지만, '챗GPT 더하기'를 통해 단순히 경계하는 것을 뛰어넘어 진짜 정보와 가짜 정보를 변별할 수 있는 역량을 가질 수 있는 활동으로 진화되었음을 확인했기 때문이다. 챗GPT가 제공하는 정보의 사실 유무를 판단하고, 그것을 비판하기 위해 겪었던 과정들을 극복해낸 후 '진짜 지식'을 받아들인 것 같아 새로운 기분을 느꼈다는 S의 말이 기억에 남는다.

챗GPT는 논문이나 책 같은 전문적인 정보를 얻을 수 있는 기관이 아니다 보니 신뢰해도 되느냐는 의문이 들어요. 평소 해왔던 대부분의 활동에서는 근거 자료를 논문이나 뉴스 같은 전문적인 기관에서 찾았기 때문에 그 내용이 사실인지 아닌지 판단하는 과정을 겪은 적이 거의 없었고, 챗GPT가 거짓말을 할 수 있기 때문에 제공받은 정보가 사실인지 아닌지 판단하며 습득하는 과정에서 평소보다 더 많은 시간이 들어 조금 어려운 부분이 있었어요. 하지만 그저 옮겨 적기보다 챗GPT의 반박 내용을 다시 한 번 사실인지 아닌지 판단하며 점검해보는 과정에서, 정보가 완전히 저의 것이 된다는 느낌을 받았어요.

챗GPT의 오류를 증명하라
[7차시] 재반박을 위한 자료 탐색

챗GPT가 제시한 주장과 근거에서 반박하고 싶은 내용을 골라 재반박할 수 있도록 7차시 학습지를 구성했다. 챗GPT의 모든 내용을 반박하려는 부담을 덜어주는 작업이다. 하지만 재반박을 위한 자료 조사를 하며 아이들은 '나의 주장을 강화하는' 자료가 아니라 '상대의 주장에 오류가 있음을 증명하는' 자료를 찾는 과정을 낯설어했다.

특히 Y는 챗GPT의 반박 글을 읽고 재반박 글의 방향을 잡기 어려워했다. 방향이 어려우니 자료 조사 또한 원활하게 이루어지지 못했다.

"선생님, 저작권을 보호받아야 K-콘텐츠 발전 또한 가능하다는 주장으로 설득하는 글을 썼고, 챗GPT에게 저작권 보호 없이 질 좋은 작품을 만들 수 있는지, 저작권 보호를 하지 않아도 되는지에 대한 질문으로 반박 글을 받았어요. 그런데 그것에 대한 재반박을 하기가 어려워요."

Y가 챗GPT에게 받은 글을 읽어보니, 챗GPT가 한 반박의 핵심은 '저작권 보장이 무조건 콘텐츠의 질을 보장하고 발전을 가능하게 하지는 않는다'는 것이었다.

"Y야, 그럼 챗GPT가 주장하고 있는 내용을 파악해보고, 재반박하고 싶은 내용을 정리해보면 어때?"

Y는 "아!" 하더니 챗GPT의 글 중 반박하고 싶은 내용과 자신의 반박 내용을 오른쪽 표와 같이 정리했다.

이렇게 정리를 하니 재반박의 방향이 보인다며, Y는 글의 신뢰성을 더하기 위해 더 구체적인 자료를 조사해야겠다면서 기분 좋게 활동을 이어나갔다.

아이들은 챗GPT를 통해 빠르게 양질의 반박 글을 얻을 수 있다는 점에 흥미를 보였다. 자신을 향해 세차게 밀려오는 파

챗GPT 글 중 반박하고 싶은 내용	Y의 반박 내용
작품의 질을 결정하는 요소 중 '기술적 능력'이 중요하므로 저작권은 작품의 질을 향상시키는 것과 관련이 없다.	저작권을 보호함으로써 작가의 창작물에 대한 경제적 이익을 보장한다면 기술적인 능력을 키우기 위한 바탕을 만드는 데 도움을 줄 수 있다. ex) 학원, 재료 값 등
르네상스는 14~16세기까지의 문예 부흥 운동을 의미한다. 시기상 르네상스 시대에는 저작물에 대한 권리 인식이 있어도 저작권을 권리로 인정하진 않았지만 질 높은 창작물이 창작되었다.	메디치 가문은 무역과 금융으로 번 돈을 예술에 적극적으로 투자하여 르네상스 시대에 예술의 꽃을 피우는 데 큰 도움이 되었음. 저작권에 대한 법적 보호가 없던 르네상스 시대에도 예술적 가치가 우수한 질 좋은 작품이 만들어질 수 있었던 이유는 메디치 가문의 경제적 지원이 있었기 때문임. 저작권이 권리로 인정된 지금은 저작권을 이용하여 자신의 창작물에 대하여 창작자가 경제적 이익을 얻을 수 있으므로 높은 질의 작품이 만들어지는 것. 저작권이 없던 르네상스 시대에 만약 메디치 가문과 같은 경제적 지원이 없었다면 질 좋은 작품은 나올 수 없었을 것.

도 속을 헤치며 자신의 주장이 어느 부분에서 틀리고 보완 가능한지 알아갔다. 그 과정에서 막무가내로 우기는 것이 아닌, 설득력 있는 글을 쓸 수 있는 길을 보게 되었다. 인공지능을 활용하는 것을 넘어, 처음에 챗GPT 더하기 활동을 설계한 의

도대로 자신의 주장만 옳다고 생각하기보다 다른 입장의 주장을 한 번 더 고려해 비판적으로 보는 시각이 키워진 증거라는 생각이 들었다.

새로운 인식으로 열린 문
[8차시] 챗GPT 반박하기

8차시에서는 찾은 자료와 초고를 바탕으로 최종 반박 글을 쓰도록 했다. 최종 글을 쓰고 제출한 학생들에게도 보완할 점이 있으면 즉시 피드백을 주어 조금 더 탄탄하게 글이 전개될 수 있도록 했다. 처음 자신의 주장만 가지고 설득하는 글쓰기를 했던 글보다 자료의 수준이나 글의 전개 수준이 우수해졌고, 반박의 대상이 있는 주장 글이다 보니 글의 방향이 명확해진 것을 관찰할 수 있었다.

챗GPT에게 반박 글을 요청하는 질문을 생성하는 데 어려움을 느꼈던 C의 글을 보면, 초고에서는 명확하지 않은 대상의 명확하지 않은 주장을 비판하려고 했음을 확인할 수 있다. 주장에 대한 근거가 나와 있긴 하지만, 정보의 나열로 인해 말하고자 하는 바를 정확히 알기가 어려웠다. 하지만 챗GPT를 재반박하는 글에서는, 초고를 쓰기 위해 조사했던 순환경제에 대한 지식을 바탕으로 챗GPT의 주장을 비판하니 정보의 방향이 좀 더 분명해졌다. 즉 '그린플레이션, 순환경제, 도시광산'처럼 퍼져 있지 않고 '대체에너지'로 좀 더 초점화되어 정확하게 전개하고 있음을 파악할 수 있다.

C의 설득하는 글	어떤 이는 그린플레이션을 이유로 탄소중립을 반대하기도 하지만, 그린플레이션은 순환경제를 통해 해결할 수 있다. 순환경제란, 의지와 설계에 의해 회복되거나 재창조되는 산업 시스템을 말한다. 순환경제를 적용하여 새로운 광산 대신 도시 광산에서 원료를 채굴할 수 있다. 도시 광산에서 재활용 원료를 얻으면 자연스럽게 원료값이 내려가 인플레이션을 막을 수 있다. 이에 대한 예시로 서울시 도시광산시스템을 들 수 있다. 《아시아 투데이》의 한 기사에 따르면, 서울시는 2009년에 도시금속회수센터를 설립하여 이를 통해 고철, 구리, 플라스틱 등 재활용 원료를 얻어 2009년부터 2020년까지 온실가스 12만 톤 감축 효과를 얻었고, 재활용 판매액 200억 원이라는 수익을 얻었다.
C의 재반박 글	챗GPT는 대체에너지가 아직 상용화되지 않았거나 비용이 높아 경제적인 부담이 크다는 이유로 탄소중립을 반대한다. 물론 대체에너지가 화석연료에 비해 상용화가 되지 못했고 비용 부담이 큰 건 사실이다. 하지만 대체에너지와 화석연료의 단순 가격 비교보다는 대체에너지의 가격 하락 추세를 고려하는 것이 중요하다고 생각한다. 산업통상자원부는 "신재생 발전 원가는 갈수록 하락하고 있으며, 향후에도 지속 감소

할 것이라고 전망된다"라는 입장을 밝혔다. 또 태양광의 경우 2015년 163.1원/kWh 대비 28% 하락한 수준이며, 실제 거래 가격 기준으로도 2021년 상반기 태양광 입찰 시장의 중규모 평균 낙찰가격은 132.9원/kWh으로 2017년 181.6원/kWh 대비 27%나 하락했다. 이처럼 대체에너지의 한 종류인 신재생에너지의 발전 원가는 갈수록 하락하고 있으며, 향후에도 지속 감소할 것이라고 전망된다. 탄소중립을 위한 여러 국가의 끝없는 개발과 노력으로 대체에너지 기술은 점점 발달하고 있고, 그 효율 또한 매우 개선되고 있다.

챗GPT 더하기 활동을 하며 설득하는 글을 두 번 쓰는 과정에서 아이들의 성장을 분명히 관찰했다. 하지만 교사가 보기에는 차이가 있는 것 같더라도 학생이 느끼지 못한다면 학생에게 와 닿는 활동의 의미가 약해질 것이다. 그래서 아이들에게 물었다. 내 생각만 적는 것에서 발전하여 반대 입장을 고려한 글을 썼을 때 설득하는 글쓰기가 어떻게 달라진 것 같으냐고.

H는 처음 자신의 글과 챗GPT를 반박하는 글을 비교해보며 그동안 '점수를 잘 받기 위한 글'을 쓰기 위해 노력해왔다는 것을 알게 되었다고 이야기했다. 그래서 만약 누군가가 처음의 글에 대해 '너의 주장에 이러한 문제가 있진 않을까?'라거나, '이 부분은 왜 이렇게 생각한 거야?'라는 질문을 던졌다면 답을 하지 못했을 것이라고 말했다. 챗GPT를 반박하며 다

양한 입장을 고려하고, 정보의 사실 여부를 판단하고, 그것을 바탕으로 반박 글을 쓰니 자신의 주장에 대한 자신감이 생겼으며, 단순히 정보만 나열했던 처음 글에 대한 이해도도 높아졌다는 분석을 해줬다.

J는 처음 설득하는 글을 쓸 때에는 주장과 근거가 완벽하다는 생각을 했는데, 챗GPT를 반박하는 글을 작성하며 자신의 주장을 더욱 입체적으로 바라볼 수 있었다고 이야기해줬다. 여러 입장을 고려하고 그에 해당하는 정보를 찾으니 처음 쓴 글보다 두 번째 쓴 글의 신뢰도와 타당도가 더 높았다고 비교해줬다.

아이들은 단순히 '같은 주제로 글을 써보니 더 나아졌어요'라고 이야기하지 않았다. 스스로 자신의 처음 글과 마지막 글을 꼼꼼히 비교해보고, 어떤 지점에서 자신의 성장이 이루어졌는지 표현할 수 있었다. 처음 챗GPT 활동에서 기대했던 것 그 이상을 아이들이 느꼈다는 생각에 벅찬 기분까지 들었다.

그렇다면 챗GPT를 더해 설득하는 글을 쓰는 것은 기존 글쓰기와 어떻게 다르다고 느꼈을까? 단어 그대로 '다르게' 느낀 것에서 나아가, 활동을 하며 갖게 된 새로운 시각을 알고 싶었다. 새롭게 갖게 된 시각이 아이들의 삶에 중요하게 작용할 것이라고 생각했기 때문이다. '챗GPT 더하기 활동을 하며 새로운 시각을 갖게 된 지점이 있나요?'라는 질문을 던져놓고 답을 기다렸다. '인공지능이 우리 삶에 가까워졌다' 정도의 이야기를 상상했는데, 예상을 벗어난 대답들이 돌아왔다.

K가 관심을 가지고 있는 분야는 매체 분야다. 매체의 발전을 가장 빠르게 느낄 수 있는 부분이 신문이라고 이야기하며, '종이 신문은 소멸해서는 안 된다'는 주장으로 글을 작성했다. 챗GPT는 이에 대해 '인터넷 신문은 집중력 유지에 탁월하며, 종이 신문의 대체제로서 디지털 미디어가 발전된 형태가 현대 사회에 더욱 적합한 선택'이라고 이야기했다. K는 이를 반박하기 위해 자료를 조사하는 과정에서 '디지털 격차' 문제를 파악하게 되었다며 놀라움을 표현했다.

평소 나는 전자기기를 소유하고 있으면 당연히 정보의 도움을 받거나, 배달 음식과 은행 업무 등 모두가 편리하게 살아갈 수 있다고 생각했다. 하지만 '20대 청년이 집에 앉아 스마트폰을 두드리며 병원 진료를 예약하고, 10초 만에 송금하고, 먹고 싶은 음식을 문 앞에 배달시켜 먹을 때 노인들은 스마트폰만 손에 쥐었을 뿐 사회에서 고립돼 있다'라는 문장을 보고 디지털 격차의 심각성을 깨닫게 되었을 뿐만 아니라, 스마트폰을 가지고 있다고 하더라도 제대로 사용하지 못한다면 디지털 소외의 당사자가 될 수 있다는 사실을 깨닫게 되어 새로운 시각을 가질 수 있게 되었다.

U는 '아동복지에 관심을 가져야 한다'는 주장으로 설득하는 글을 작성했다. 챗GPT에게 아동복지의 한계점에 대한 이야기를 요구하여 아동복지의 부작용과 문제점을 주제로 한 반박 글을 받았다. 반박 글을 읽으며 어른의 시선으로만 아동의 복지를 판단했던 것이 아닌지 반성하는 계기가 되었다고 말했다. 자신이 생각하는 정의롭고 타당한 행동이 과연 타인에게도 그러한지에 대해 다시 생각해보는 모습이 인상적이었다.

K와 U의 말을 들으니 챗GPT라는 새로운 기술이 우리의 시선을 크게 확장시킬 수 있음을 다시 깨달을 수 있었다. 내가 옳다고 생각했던 일을 다른 방향에서 생각하고, 편협한 생각에 갇히지 않게 해준다는 것. 챗GPT가 아이들에게 남긴 가장 큰 선물이라는 생각이 들었다.

파도에 몸을 맡겨보기로 했다

수영을 못하는 나는 늘 바다에서 자유 수영하는 것이

무서웠다. 여행을 가서 멋진 바다를 만나게 되었는데 파도가 너무 무서워 힘을 잔뜩 주고 있었다. 동행자가 그런 내 모습을 보고 '파도에 몸을 맡겨보면 재밌을 거야'라고 말해줬다. 두 눈을 질끈 감고 파도에 몸을 맡겨보기로 했다. 몸에 힘을 빼니 넘실넘실 파도 위에서, 그전까지 경험하지 못했던 재미를 찾을 수 있었다.

챗GPT는 내게 너울대는 파도 같았다. 챗GPT 전문가가 아닌데 이렇게 무작정 활동을 시작해도 될지, 활동할 때 아이들이 부족함을 느끼는 부분은 없을지, 막상 활동했는데 단순히 흥미로만 끝나면 어떨지 고민이 많았다. 하지만 변화의 물결에 몸을 맡기고 파도를 타보니 무섭지 않았다. 오히려 인공지능에 대한 긍정적인 시선, 챗GPT와 함께할 세상에 대한 호기심, 미디어 리터러시 역량과 같은 새로운 재미와 풍경을 찾을 수 있었다.

처음 챗GPT에게 느꼈던 두려움을 언젠가 또 느끼게 될 것이라는 생각이 종종 든다. 어쩌면 더 빠르게 발달하고 있는 인공지능에게 무력감을 느끼는 날들이 생길 수도 있을 것이다. 하지만 "인공지능이 제공하는 다양한 정보를 받아들일 때 비판적 시각이 중요하다는 것을 알았어요. 이 시각을 키운다면 인공지능과 함께하는 미래는 더욱 살기 좋은 세상이 될 것 같아요"라는 한 아이의 소감을 곱씹어본다. 막연하게 긍정을 말하는 문장이 아님에도 긍정을 봤다. 그 깨달음을 통해 챗GPT와 연결된 미래에는 더욱 주도적으로 앎을 구성할 수 있으리라는 희망을 본 것이다.

아이들과 한 번 더 챗GPT 수업을 하게 된다면 '설득하는 글쓰기-재반박하기'에서 나아가 서로 다른 입장을 이해한 내용을 말로 표현할 수 있도록 활동을 추가하고 싶다. 글로 표현하는 것과 말로 표현하는 것에는 또 다른 차이가 있을 것이므로, 어디까지 이해를 했고 어떤 감정을 느꼈는지 아이들의 언어로 생생하게 듣고 싶다.

또 챗GPT의 존재가 우리에게 어떤 의미를 가질지 이야기하며, 챗GPT라는 파도 위를 아이들과 같이 자유롭게 넘실거리고 싶다. 이 과정을 통해 새롭게 도래하는 인공지능 시대에 마음껏 몸을 맡기며 '인공지능과 인간' 사이를 아이들과 함께 고민하고 아이들과 함께 성장하고 싶다.

'챗GPT를 더한 설득하는 글쓰기' 수업 활동지

✦ 〈아동의 취미와 행복한 어른〉을 읽고 생각해봅시다.(1차시)

인상 깊은 부분 : 인상 깊었던 부분을 찾고 그 이유를 상세히 적어봅시다.		
글 파헤치기 : 작가의 주장, 사용한 논거와 설득 전략을 파헤쳐봅시다.	주장	
	논거	
	설득 전략	① 이성적: 논리적 설득 전략. 연역(이론→이론), 귀납(경험→이론), 유비(두 사물의 유사성) ② 감성적: 자긍심, 동정심 자극 ③ 인성적: 공신력 바탕으로 설득 ④ 표현 전략: 이중부정, 설의법, 예시, 비유법
작가 의도 생각하기 : 작가는 작품을 통해 사회 구성원에게 어떤 이야기를 하고 싶었을까요? 그렇게 생각한 이유도 적어봅시다.		
삶의 문제 찾기 : 자신이 관심 있는 분야와 관련지어 글에서 찾을 수 있는 삶의 문제를 적고, 떠오르는 해결 방안을 브레인스토밍 형식으로 적어봅시다.	관심 있는 분야와 관련지은 삶의 문제	
	해결 방안	

✦ 쓰기 맥락을 분석해봅시다.(2차시)

❶ 글의 주제 찾기

나의 진로 분야(자세히)	
진로 분야의 최근 이슈 (여러 개)	
진로 분야의 최근 이슈 중 나의 관심 이슈	
관심 이슈에 대한 나의 의견	

❷ 쓰기 맥락(글의 목적, 주제, 예상 독자, 매체) 분석하기

쓰기 맥락	분석 내용
글의 목적	
설득하는 글의 주제	
예상 독자 : 주제에 대한 배경지식 정도, 태도, 관점	
매체 선정 및 매체의 특성 : 매체를 선정하고 그 특성을 분석하여 쓰기 계획 수립	신문 / 잡지 / 학교 교지 / 인터넷 등

✦ 자료를 수집해 내용을 생성해봅시다. 출처도 기록하세요.(3차시)

자료를 어디서 찾아볼 수 있을까요?	
DB pia	아이디/비번: osonghs22
빅카인즈	https://www.bigkinds.or.kr/
연합뉴스	https://www.yna.co.kr/
오마이뉴스	http://www.ohmynews.com/
조선일보	https://www.chosun.com/
서론	현황, 여론, 나의 의견 등	
본론	본론1	
	본론2	
결론	전망, 마무리	

✦ 초고를 쓰고 피드백을 받으세요.(4차시)

〈설득하는 글 평가 기준〉
- 글의 목적, 주제, 예상 독자를 고려했는가
- 주장에 대한 근거가 타당한가
- 근거가 신뢰성이 있는가
- 적절한 설득 전략이 2가지 이상 드러나는가
- 서론, 본론, 결론으로 내용 구성을 하였는가
- 분량 1페이지 내외를 지켰는가

서론	현황, 여론, 나의 의견 등	
본론	본론1	
	본론2	
결론	전망, 마무리	

✦ 글을 완성하세요.(5차시)

제목:

✦ **챗GPT 더하기 ①: 내 글에 대한 반박을 팩트체크하세요.(6차시)**

내가 쓴 글의 주장을 적으세요.	
챗GPT에게 반박 글을 쓰게 하기 위한 질문을 여러 개 만들어보세요.	
챗GPT가 작성한 반박 글의 주장을 적으세요.	
챗GPT가 작성한 반박 글의 근거를 적으세요.	
챗GPT가 작성한 반박 글의 주장과 근거를 각각 팩트체크하세요.	

✦ 챗GPT 더하기 ②: 반박 자료를 찾고 재반박 초고를 쓰세요.(7차시)

챗GPT의 반박 글 중 재반박하고 싶은 내용을 적어보세요.		
재반박을 위한 자료를 찾으세요. (자료 정리 후, 반드시 출처를 밝힐 것)		
자료를 조합하여 서론, 본론, 결론 내용을 구상해보세요.	서론	
	본론	
	결론	

제목:

한 사람
한 사람이 자신을
발견하는 일

손에 잡히는
진로 설계,

챗GPT로
대입 면접 준비하기

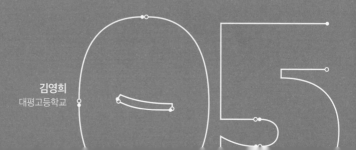

김영희
대평고등학교

나, 쓸모가 있는 걸까

지난 9월, 심각한 우울 증상을 겪었다. 수업 준비를 하려 책상에 앉았는데 눈물이 끝도 없이 흘러 아무것도 할 수 없었다. 내가 하는 일이 학생들에게 정말 도움이 될까, 라는 생각에 빠져 지낸 시간이었다. 대학 입시에 활용될 내신 성적 산출이 끝났으므로 아이들은 수업에 큰 관심이 없었고, 나 또한 그들의 마음을 동하게 할 활동을 애써 찾지 않았다. 수업이 마음에 차지 않으면 관계라도 끈끈해야 할 텐데, 학생과 친밀하게 지내는 일에 서툰 나는 2학기가 되자 아이들과 한층 더 어색해졌다. 어디서부터 잘못된 거지, 시간을 돌리면 달라질까, 같은 생각들을 자주 했다. 숨이 잘 쉬어지지 않고 간헐적으로 몸이 떨리는 증상은 마음의 우울이 몸으로 옮아간 결과였다. 나는 아주 자주 바닥으로 가라앉는 느낌을 받았다.

인공지능의 발전상을 바라볼 때 경외감과 동시에 불편한 마음이 이는 이유는 '한계 있음'을 기본값으로 삼는 나 같은 인간의 쓸모가 대체될 수 있다는 공포 때문일 것이다. 하지만 지나온 삶을 돌아보자면, 무용한 존재가 된 듯한 고독감은 직장 생활을 하며 종종 겪어온 것이었다. 학생들 앞에서 '내가 도움이 되고 있나?'라는 질문을 스스로에게 던져보지 않은 교사가 있을까.

3학년 2학기의 학생들과 '화법과 작문' 시간에 챗GPT를 활용해 대입 면접 준비를 했다. 대본 작성 20점, 면접 실연 10점의 수행평가였다. 학생들은 인공지능의 도움을 받아 질문을 수집하고 답변을 만들었다. 수업에 새로운 디지털 기술을 적용했다고 하면 상당히 열의 있는 사람처럼 보이겠지만 실상은 그렇지 않았다. 대입 면접일은 다가오고, 어떻게든 도움을 주어야 하는데, 효능감이 바닥을 친 시기였다 보니 '인공지능이 나보다 낫겠지. 온 세상이 난리인데'라는 마음으로 일단 연결 지어본 것이다. 결과가 잘 나오지 않으면 '인공지능, 별것 아니네'라며 뒤로 빠질 심산이었다. 탓을 돌릴 대상이 있으

차시	활동 과정	활동 내용	필요한 도구
1차시	질문 마련	희망하는 학과/직종의 면접에서 묻는 질문 10개 조사하기	• 스마트폰 • 종이 활동지
2차시	답변 작성	• 초안 작성 • 챗GPT 활용하여 수정	스마트 기기 (노트북이나 크 롬북 등)
3차시		교사, 동료 피드백을 통해 답변 완성	
4차시	면접 실연	질문 2개에 대해 교사 앞에서 구술로 답하기	스마트폰 (클로바노트 어 플 설치)
5차시		답변 내용을 녹음해 스스로 결과 분석 후 피드백	

면 수업이 망해도 내가 초라해지지 않을 것 같았다. 기계에게 책임을 떠넘기는 인간이라니, 모양 빠지긴 했지만 손 놓고 녹 슬어가는 것보다 나았다.

챗GPT라는 밀키트
[1차시] 면접 예상 질문 찾기

1차시에는 면접 준비를 위한 예상 질문을 마련했다. 개인 활동이었고, 학생이 개인적으로 검색한 결과를 종이 활동지에 옮겨 썼다.[1] 질문을 찾을 때에는 대학/취업 희망 기관의 홈페이지나 포털 사이트, 챗GPT를 활용하라고 안내했다. 학생들이 제출한 결과물에서 발견한 흥미로운 특징은 이 친구들이 챗GPT를 아주 활발하게는 사용하지 않았다는 점이었다. 평가에서 만점을 받으려면 10개의 질문을 찾아야 했는데, 그중 평균 2~3개의 질문만을 챗GPT를 사용해 만들었다. 나머지는 기관의 홈페이지나 포털 사이트의 검색 결과를 옮겨 쓴 결과였다. 챗GPT를 활용해 만든 질문이 압도적으로 많으리라 추측했는데 의외였다. "○○학과/분야의 입학/취업 면접 질문을 알려줘"라고 입력만 하면 인공지능이 10개가 훌쩍 넘는 질문을 내놓을 텐데, 아이들은 왜 이 플랫폼을 활용하지 않았을까?

제출한 과제들을 훑어보는 것만으로도 의문을 해결할 수 있었다. 학생들이 '챗GPT표' 질문들을 빠르게 포기한 이유는 인공지능이 내놓은 답이 신통치 않았기 때문이다. 다음은 미디어 영상학과에 진학하려는 학생이 챗GPT와 주고받은 문답이다.

👤　미디어 영상학과에서 나올 수 있는 면접 질문에는 뭐가 있을까?

- 미디어 제작, 영상 촬영, 편집, 스토리텔링 등 다양한 미디어 작업을 해봤나요?
- 미디어 제작에 사용한 소프트웨어나 기술 도구는 무엇이며, 어떻게 활용하였나요?
- 미디어 영상 작업에서 가장 큰 도전은 무엇이었고, 어떻게 극복하였나요?
- 미디어 영상 분야에서 특별히 연구하거나 탐구하고 싶은 주제가 있나요?
- 왜 이 학과/프로그램에서 공부하려고 하나요?
- 미디어 영상 분야에서 현재 나타나는 트렌드나 이슈에 대한 생각이나 견해가 있나요?

짧은 시간에 다양한 질문을 많이 얻을 수 있었으나, 인간 혼자 충분히 생각할 수 있을 법한 내용들이었다. 굳이 장점을 찾자면 시간 절약 정도였다. 특히 수행평가 고득점이 아니라 실전 면접에 도움을 얻는 일이 목표였던 만큼 학생들은 더욱 미련 없이 챗GPT를 포기했다.

모두가 챗GPT의 성능에 실망한 것은 아니었다. 챗GPT에게 후속 작업을 요구한 학생들은 의미 있는 결과를 받아냈다. 다음은 앞에서 김빠지는 응답을 얻은 학생이 답변 중 하나였던 "미디어 영상 분야에서 현재 나타나는 트렌드나 이슈에 대한 생각이나 견해가 있나요?"에 대해 추가 질문을 던진 뒤 받은 답변이다.

 미디어학과에서 주목받는 트렌드나 이슈에 대해 묻는 질문을 만들어줘.

- 미디어 콘텐츠의 다양성과 포용성에 관한 트렌드를 어떻게 평가하나요?
- 소셜 미디어의 역할과 영향에 대한 이슈를 어떻게 생각하나요?
- 가짜 뉴스와 정보 신뢰성에 대한 우려가 증가하고 있습니다. 이에 대한 해결책은 무엇일까요?
- 가상현실(VR) 및 증강현실(AR) 기술이 미디어와 엔터테인먼트 분야에 미치는 영향에 대해 어떻게 생각하나요?
- 스트리밍 서비스와 OTT(Over-The-Top) 플랫폼이 전통적인 방송 산업에 미치는 영향을 어떻게 평가하나요?
- 미디어 콘텐츠의 저작권과 디지털 저작물의 공유에 대한 논란에 어떻게 대응해야 할까요?

처음 챗GPT를 활용한 수업을 계획할 때 학생들이 기계에 의존하게 되지 않을까, 스스로 사고하지 않으려 하게 되면 어쩌지의 문제를 두고 고민했다. 하지만 1차시 수업을 끝낸 뒤, 염려가 꽤나 사라졌다. 인공지능에게 "한 번 더 해줘"라고 요구했을 때와 그렇지 않았을 때의 결과물 차이는 아주 크다. 그 차이를 확인시키는 일은 학생들이 학습 활동을 좀 더 오랫동안 붙들고 수행하는 기제가 될 수 있다.

학생의 수행 결과를 보고 조금만 더 힘쓰면 훨씬 좋아질 것 같아 "한 번만 다시 해볼까?"라는 수정 제안을 할 경우, 의외로 많은 학생이 "이 정도면 만족해요. 더 못하겠어요"라고 답한다. 나는 이 반응이 아주 흥미로웠다. 불쾌함이나 당혹감이 아닐 수 있었던 이유는, 활동에 대한 반감이나 교사를 향한 반항심을 품고 이 말을 하는 것이 아니라는 사실을 알기 때문이다. 예전에는 수업을 거부하거나 싫어하는 소수의 몇 명이 하던 말을, 학급의 3분의 2에 달하는 인원이 하게 되었다. 사심 없는 맑은 표정으로, "제가 만족하는데 군이 힘 뺄 필요 없잖아요"라고 말하는 인류를 처음 본 입장이라, '오, 이 현상은 뭐지?'라는 생각이 들었다. 근래의 청소년들은 만족에 대한 기준이 과거의 사람들과 달라진 듯하다. 과거 학생들이 "할 만큼 했다!"라고 판단하던 기준과 다른 기준으로 자신의 결과물과 노력 정도를 평가한다. 예전엔 '완성도에 어느 정도 근접했는가'였던 기준이 지금은 '내가 만족스러운가, 내가 수행해야 하는 것이 고통을 느끼지 않는 선에서 감당할 만한 부담인가'로 바뀌었다고 생각한다.

하지만 이 현상을 팔짱을 끼고 '흥미롭네' 여긴 채 넘어가는 것은 영 찝찝했다. 아이들이 배움을 빠르게 포기하는 경향은 분명 부정적인 현상이니까. 학생들은 "이 정도면 괜찮다"고 하지만, 정말 이 정도여도 괜찮은 게 맞나, 라는 고민을 자주 했다. 그럴 때 인공지능에게 몇 번 더 요구해보는 일은 딱히 고통스럽지 않다는 점에서, 아이들이 부담 없이 받아들일 수 있는 추가 과제가 된다. 실제로 "한 번 더 물으면 훨씬 나아질걸?"이라는 교사의 제안을 듣고, 많은 학생들이 "그럼 해볼까요?"라고 경계심 없이 답하며 챗GPT와의 대화를 이어나갔다.

아무리 그래도 챗GPT가 내놓은 답은 인간의 사고가 아니지 않나, 라는 점에서 우려가 일 수 있다. 나는 이런 질문을 받을 때마다 초심자의 칼국수 끓이기를 예로 든다. 이를테면, 요리 초심자가 칼국수를 만드는데 원재료만 준비되어 있다고 가정해보자. 초심자는 밀가루를 치대어 수제 면을 만들고, 말린 다시마와 채소를 우려 국물을 내고, 얇게 부친 달걀 지단으로 고명을 마련해야 한다. 조건만 들어도 못하겠다며 손사래를 치지 않을까? "저 칼국수 안 좋아해요"라며 애초에 탈주해버리거나, 밀대로 반죽을 밀다가 "칼국수 보기도 싫어!"라며 진저리치거나, 어쩌저쩌 우당탕탕 완성했지만 맛이 영 나지

한 사람 한 사람이 자신을 발견하는 일

않아 "나는 재능이 없나 봐"라고 슬퍼할 가능성이 높다. 타고난 재능이 있거나 운이 좋아 성공한 몇몇만이 완성도 높은 칼국수를 만들어낼 것이다. 그런데 원재료가 아니라 밀키트를 받는다면? 초심자라고 해도 만족스러운 맛의 칼국수를 끓여낼 확률이 높아질 것이다. 성공 경험은 직접 만드는 칼국수에 대한 호감으로 이어질 것이고, 여러 번 칼국수를 끓이다 보면 자연스레 칼국수 밀키트 요리계의 중급자가 될 수 있다. 분말 수프 양을 조절해 입맛에 맞는 간을 찾을 테고, 취향에 맞춤한 익힘도로 면을 익히는 시간을 발견할 것이다. 새로운 고명을 얹어 맛을 변주할 테고.

교사가 수업을 통해 이루려는 바는 (비유하자면) 학생들을 손칼국수 명인으로 만드는 것이 아니라, 칼국수를 먹고 싶을 때 취향껏 요리한 뒤 만족스럽게 그릇을 비우며 "아, 좋다. 칼국수 역시 좋네. 다음엔 감자를 잔뜩 넣어봐야지"라고 말하는 생활 요리인이 되게 하는 것 아닐까. 칼국수의 성공 경험에 기대어 점점 더 많은 종목의 요리에 도전해본다면 더 기쁜 일이고. 그런 점에서 수업 시간에 챗GPT 활용법을 알려주는 일은 학생들을 생활 독자, 생활 필자가 되는 일에 기여하리라 기대한다.

'우리 모두의 M'
[2차시] 면접 답변 고쳐쓰기

M은 특별하고 고유한 인물인 동시에, 어느 교실에나 한 명쯤 있을 법한 학생이다. 심성이 순하고 의리가 있어 인기가 높지만 학업에서는 기울인 노력만큼의 성과를 내지 못한다. 고1 초까지는 열의를 쏟으며 공부했으나 실패 경험이 쌓이다 보니 점차 흥미를 잃었다. 체육 시간에는 분위기를 주도하지만 교실에 오래 앉아 있을수록 생기를 잃는다. 이 글을 읽는 동료님들의 머릿속에 '아, 우리 반 K!', '옆반 J!', '4반 S!'라며 전구에 불이 들어오듯 반짝 한두 명의 얼굴이 떠오를 것 같다. 아, 우리 모두의 M. 고유명사인 동시에 일반명사인 그의 이름이여.

M을 볼 때마다 '애 참 괜찮은데 잘되면 좋겠다'라는 마음을 가져왔다. 그래서 대입 상담을 할 때 "…제 점수로도 대학 갈 수 있어요?"라며 쭈뼛쭈뼛 묻는 M의 목소리가 가슴에 콕 박혔다. 대학의 입시 성적에 비해 내신 성적이 낮을 경우 부족한 부분을 보완할 수 있는 방법은 면접이다. M은 면접 비중이 비교적 높은 4년제 대학교들에 입학 원서를 접수했다. M은 이 수업을 효율적으로 활용해야만 했다.

한 사람 한 사람이 자신을 발견하는 일

2~3차시에 진행된 활동을 '우리 모두의 M'이 챗GPT를 활용하며 일어난 변화를 사례로 들어 설명한다.

돋보이는 면접 답변을 완성하기까지 무엇보다 중요한 것은 수정 작업이므로, 2~3차시 활동에는 디지털 기기를 활용하는 것이 좋다. 종이에 펜으로 써서 작업을 하면 수정에 속도가 붙지 않는다. 학교에 학생용 노트북이나 크롬북이 비치되어 있다면 그것을 활용하자. 스마트폰으로도 작업할 수 있지만 문서에 작성한 내용을 챗GPT에 붙여 넣고, 챗GPT의 답변을 다시 문서에 옮기는 일을 반복해야 하므로 스마트폰의 작은 화면을 두드려가며 활동하는 것이 쉽지 않다.

학생이 면접 답변을 입력하는 문서는 구글 독스와 같이 링크를 공유해 타인과 협업할 수 있는 클라우드 기반 플랫폼으로 정하는 것이 좋다. 그래야 3차시에 학생-교사, 학생-학생 사이에 오가는 피드백이 효율적으로 일어날 수 있다. 학생들과 문서 링크를 공유하는 방법은 여러 가지가 있다. 나는 학생들에게 교사 피드백이 필요하다면 구글 독스 문서 링크를 메일로 보내라고 안내했다.

면접 답변의 초안은 학생이 직접 작성했다. 초안을 쓸 때부터 챗GPT의 도움을 받으면 자신에 대한 이야기가 아니게 될 것 같았다. 우리는 인공지능의 도움을 얻어 더 잘하고 싶은 것이지, 나 대신 사고해줄 것을 바라는 건 아니니까.

M이 지원한 A대학은 면접 문항을 시험 전에 공개하는 학교였다. 첫 번째 질문은 "자신이 남에게 줄 수 있는 재능이 있다면 무엇인가? 이 재능을 활용해서 봉사를 한다면 어떤 봉사를 하겠는가?", 두 번째 질문은 "본인은 누군가에게 양보를 한 경험이 있는가? 구체적으로 어떤 양보를 하였으며, 그 과정에서 무엇을 느끼고 배웠는가?"였다.

이 질문에 대한 M의 답변에는 그가 성실하고 선한 사람이라는 점을 알게 해주는 경험들이 특유의 담백한 문장으로 담겨 있었다. 하지만 자신이 대학이 바라는 '깊이 있는 학습을 해나갈 수 있는 열정적인 인재'라는 확신을 주기에는 부족했다. 그래서 M에게, 챗GPT의 질문란에 자신이 쓴 초안을 입력한 뒤 면접용 답변으로 보완해달라고 요구해보라고 일렀다.[2]

> Q1. 나는 대입 면접을 준비하고 있어. 내가 쓴 초안을 "남에게 기여할 수 있는 재능은 무엇인가?"라는 질문의 답변으로 바꿔줘.
>
> Q2. 나는 대입 면접을 준비하고 있어. 내가 쓴 초안을 "누군가에게 양보를 한 경험과 그것을 통해 배우고 느낀 점은 무엇인가?"라는 질문의 답변으로 바꿔줘.

한 사람 한 사람이 자신을 발견하는 일

다음은 M이 쓴 초안과 챗GPT의 수정 결과를 나란히 둔 결과다.

Q1. 자신이 남에게 줄 수 있는 재능이 있다면 무엇인가? 이 재능을 활용해서 봉사를 한다면 어떤 봉사를 하겠는가?

M이 쓴 초안	저의 장점은 행동력과 실행력입니다. 해야 하는 일이 있을 때에는 빠르게 처리하는 편입니다. 어릴 적부터 부모님이 집에 늦게 들어오시는 일이 많아서 항상 혼자 준비하고 학교 가는 경우가 대다수였는데 그때마다 정리 잘하고 나갔던 것을 계기로, 이사를 하고 집이 멀어지다 보니 더욱 부지런하게 움직여야 해서 일찍 일어나고 일찍 출발하는 게 습관이 되었습니다. 이로 인해 친구들과 만날 때도 약속 시간보다 20분 정도 미리 도착하여 친구들을 기다렸습니다. 이런 습관 덕에 학교에 지각하는 일이 많이 없었고, 이런 습관을 이용하여 저는 학교 봉사 활동 때 저의 역할을 빨리 수행하고 남들이 하는 청소를 도와줬습니다. 학교생활을 어릴 적에 잘했기에 부모님에게도 칭찬받았었습니다. 저의 행동력을 포함한 특성은 대학 입학 후 지각을 안 하거나 대학 동기들을 불러 같이 등교할 것입니다.
챗GPT의 수정 결과	대학 생활에서 제 행동력과 실행력은 여러 가지 측면에서 도움을 줄 것으로 기대합니다. 첫째로, 프로젝트와 과제 관리에서 이러한 특성은 핵심 역할을 할 것입니다. 제가 항상 해야 할 일을 신속하게 처리하고 목표를 달성하기 위해 노력하는 습관은 프로젝트 팀 내에서 일정 준수와 효율적인 업무 분배에 도움을 줄 것입니다. 프로젝트 일정과 목표를 엄격하게 관리하여 팀원들과 함께 원활한 협업을 이끌어내겠습니다.

둘째로, 학업 외 활동에도 이 특성을 활용하여 다양한 도전과 기회를 찾을 것입니다. 대학에서는 학과 외의 분야에서도 열린 마음으로 참여하고, 학교 내 또는 지역사회의 봉사활동에 적극적으로 참여하여 사회적 책임을 다할 것입니다.

마지막으로, 팀워크와 리더십 역할에서도 행동력과 실행력은 중요한 역할을 할 것입니다. 프로젝트 팀 내에서 모두가 협력하여 공동의 목표를 달성하는 과정에서, 팀원들을 촉진하고 조화롭게 흐름을 이끌어내겠습니다.

이러한 방식으로, 대학 생활을 통해 제 장점을 활용하여 다양한 경험을 쌓고, 성공적으로 성장하고자 합니다.

Q2. 본인은 누군가에게 양보를 한 경험이 있는가? 구체적으로 어떤 양보를 하였으며, 그 과정에서 무엇을 느끼고 배웠는가?

M이 쓴 초안	제가 생각하기에 남들에게 양보했던 경험은 학교에서 반마다 팀을 꾸려 즐기는 배구 경기를 하게 되었습니다. 이때 보통은 스파이크를 하거나 멋있는 역할을 하고 싶은 애들이 많아서 저는 빠르게 오는 공을 받아주고 팀원이 다음 연계를 이을 수 있게 해주는 서브 역할을 하겠다고 하였습니다. 역할을 양보하고 시합에 나가 경기를 해봤을 때 모두 원하는 걸 즐기며 즐겁게 하는 모습에 저도 그걸 보고 오히려 이 역할을 넘겨줬기에 모두가 화목한 게 아닌가 하며 뿌듯했습니다.
챗GPT의 수정 결과	학교에서의 경험 중 하나로, 반마다 팀을 꾸려 즐기는 배구 경기가 있었습니다. 이 경기에서 저는 주로 서브 역할을 맡았습니다. 보통은 스파이크나 다른 멋진 역할을 하고 싶어 하는 친구들이 많았기 때문에, 빠르게 오는 공을 받아주고 다음 연계

를 이을 수 있게 해주는 역할을 제가 자발적으로 맡기로 했습니다. 이 경험에서 가장 놀라운 것은, 제 역할을 양보하고 다른 팀원들이 자신의 원하는 역할을 할 수 있게 했을 때, 모두가 원하는 대로 경기를 즐기며 팀으로서 화목한 분위기를 즐기는 모습이었습니다. 이 경험은 협동 정신과 팀플레이의 중요성을 저에게 가르쳐줬습니다. 오히려 역할을 양보하고 팀원들을 지원하는 것이 팀의 성과를 향상시키는 데 기여할 수 있다는 것을 깨달았습니다.

이 경험을 통해 제가 리더십을 발휘하고 팀원들과 협동하는 데 있어서 어떤 가치를 중요하게 여기는지를 배웠습니다. 대학 생활에서도 이러한 협동 정신과 팀워크를 바탕으로 성장하고, 학과 내에서 화합과 성과를 이끌어나가고자 합니다.

챗GPT의 수정을 거친 결과물은 면접 답변이라는 작문 목적에 정확하게 부합했다. 초안에 담긴 M의 경험을 그대로 살리면서도, 이때 배우고 생각한 바가 충실한 대학 생활에 도움을 줄 수 있는 자산이 되었다는 점을 강조했다. 확실히 전략적인 답변이었다.

2차시 수업은 학생이 직접 면접 답변의 초안을 쓰고, 챗GPT의 도움을 구해 수정안을 만드는 작업까지 진행한 뒤 끝이 났다. 학생들에게 현재 우리가 손에 쥔 결과물은 기계어의 느낌이 물씬 풍기는 데다 익숙하지 않은 어휘와 표현들이 많으므로, 3차시에는 현재의 작업물을 좀 더 사람 느낌 나게 바뛰볼 것이라고 공지했다. 4차시에는 면접 실연 평가가 시작되니 대본 작성 시간은 3차시 때까지라고, 대본 수정 시간을 효율적으로 활용하고 싶다면 다음 수업 전에 문서를 각자의 방식으로 수정해오라고 일렀다.

놀랍게도, '우리의 M'은 그날 자정이 가까운 시간까지 컴퓨터 앞에 앉아 면접 답안을 고쳤다. 뜨거운 열의에 불타던 M은 늦은 밤에 내게 메시지를 보내 궁금한 점을 물었다. 긴급 상황이 아니라면 학생이 밤늦게 보내는 메시지에는 답을 하지 않는 철칙을 갖고 살지만, M의 의욕이 반갑고 기특해서 답을 해줬다. 1년간 그를 보아왔지만 이런 모습은 처음이었다.

소소한 경험을 뛰어난 역량으로
[3차시] '짝 대화'로 면접 대본 완성하기

3차시 수업은 짝 활동으로 진행했다. 3학년 2학기에 진행하는 활동인 만큼, 희망하는 학생들과만 함께했다. 지원 대학의 입학 전형에 따라 면접 준비가 필요하지 않은 학생들도 많았는데, 이들은 수행평가 채점에 필요한 기본적인 내용만 써서 제출한 뒤 수능이나 논술 준비 등 자신에게 필요한

한 사람 한 사람이 자신을 발견하는 일

공부를 했다.

두 사람이 짝이 되어 서로가 2차시에 쓴 ① 초안과 ② 챗GPT가 만들어낸 수정본을 읽은 뒤, 면접 대본을 더욱 생생하고 매력적인 인간의 이야기로 바꾸는 방법을 함께 고민했다. 혼자 생각하는 것보다 타인과 머리를 모아 대화할 때 새로운 아이디어가 더 많이 생성될 수 있는 만큼, 이 시간을 소중히 사용하라고 여러 번 강조했다. 짝의 대본을 읽고 새로운 연결이나 확장이 가능한 부분을 찾아 "챗GPT가 쓴 내용을 이렇게 바꿔보면 좀 더 자연스러울 것 같아"라고 제안하거나, "수정본에서 이 부분만 살려 강조해서 말하면 좋겠어"라거나, "초안에 쓰인 활동을 챗GPT가 쓴 면접 답안에서 강조되는 키워드 중심으로 구체화해보자", "학교 다니면서 챗GPT가 강조한 역량과 연결 지을 수 있는 경험 해본 적 없어?" 등의 문장으로 대화를 시작할 수 있다고 안내했다.

각자 작성한 문답이 10개이니, 총 20개의 문답을 모두 피드백 대상으로 삼으면 시간이 한정 없이 늘어져서 몰입이 떨어질 것 같았다. 그래서 피드백 받고 싶은 문항을 2개씩 택한 뒤, 그것에 대해서만 이야기 나누게 했다. 짝의 것을 함께 읽고 분석하는 만큼 한 차시 동안 4개의 답안에 대해 수정 방안을 고민하는 셈인데, 이 과정을 통과하면 어느 정도 방향성을 잡을 수 있을 것이라 여겼다. 나머지 8개의 문항은 스스로 고치고, 문제가 잘 해결되지 않으면 짝이나 교사에게 도움을 구하라고 알렸다. 학생들은 짝과 10~15분 정도 대화했고, 남은 시간은 피드백 결과를 바탕으로 답안을 수정했다. M은 면접이 임박했으므로 교사인 나와 짝이 되었는데, 이때 오간 대화를 옮긴다.

Q1. 자신이 남에게 줄 수 있는 재능이 있다면 무엇인가? 이 재능을 활용해서 봉사를 한다면 어떤 봉사를 하겠는가?

교사: 지금부터 챗GPT가 수정해준 내용을 네 경험들로 교체할 거야. 그럼 이야기할 수 있는 내용들이 더 많아질 거야.

초안에서 '해야 할 일이 있으면 빠르게 처리한다'라고 스스로의 특성을 말한 부분 있잖아. 나는 그걸 구체적으로 살려서 말하면 좋겠어. 대학에선 네가 학교생활에서 이런 특성들을 어떻게 발현했는지를 궁금해할 것 같거든. 초안에서는 집에서 성실하게 살았던 이야기를 주로 했는데, 학교에서 성실하게 한 일들 떠올려봐.

M: 저 1학기랑 2학기에 칠판 청결 도우미 했어요.

교사: 그렇게 중요한 걸 왜 말 안 했어(웃음). 그리고 너 학급 대청소 할 때마다 자원해서 힘든 거 맡았잖아.

M: 아, 맞아요. 그리고 선풍기랑 에어컨 청소할 때에도 했어요.

교사: 맞네! 지금 챗GPT가 쓴 수정안에 엄청 멋져 보이는 말 많은데, 우리 이 중에 하나만 택해서 네 경험들이랑 연결 지어 보자. 챗GPT가 첫째, 둘째, 셋째로 꼽은 항목 중에 네가 네 생각 편하게 말할 수 있는 건 뭐야?

M: …마지막 내용 말할 수 있을 것 같아요. 인터넷에서 대학생들이 팀 과제 망하는 사례들 많이 봤는데, 사람들이 본인 역할을 잘 하지 않아서 그렇더라고요. 제가 성실한 캐릭터라는 걸 강조하고 있으니까(웃음) 그 구멍들을 제가 메울 거라고 할 수 있을 것 같아요.

챗GPT가 만들어낸 대본은 전략적이었지만 M의 매력이 생생하게 담겨 있지는 않았다. M과 대화를 할 때에는 대본 속에 생생한 매력을 띤 M의 모습을 담아내는 일에 초점을 두었다. 챗GPT가 짚어준 답안의 초점 키워드인 '행동력과 실행력', '핵심 역할'이라는 표현에 중심을 두고, 학교에서 M이 수행한 일들과 앞으로 해나갈 일들을 떠올려 구체적인 사례를 마련했다. 면접 답변이라는 목적에 어울리는 답안을 만들려면 가정에서의 사적 경험보다는 공적 공간에서 겪은 일을 소개하는 것이 어울린다고 판단했다. "학교에서 성실하게 한 일들을 떠올려봐", "챗GPT가 꼽은 항목 중에서 네 생각 편하게 말할 수 있는 건 뭐야?"라는 질문으로 생각의 범위를 정해줬더니, M은 혼자 떠올리지 못했던 경험들을 어렵지 않게 꺼내놓았다.

인공지능이 만들어낸 수정 답안은 꽤 고급스러워 보였기 때문에, 답변을 할 때 M은 종종 챗GPT의 표현을 그대로 가져와 활용하려 했다. 그럴 필요가 전혀 없다는 점을 단호하게 말해줬다. 멋진 말들로 자신을 표현하는 것도 나쁘진 않지만, 그보다 훨씬 더 중요한 건 자신이 해온 일들에 직접 부여하는 의미라고 강조했다.

두 번째 대화에서는 M이 경험을 통해 무엇을 새롭게 알게 되었는지, 앞으로 어떤 사람이 되고 싶다고 생각했는지를 떠올릴 수 있도록 "이 경험을 통해 뭘 알았어?", "네가 생각하게 된 양보의 의미는 뭐야?", "네가 돋보이는 역할을 양보해서 어떤 결과가 만들어졌다고 생각했어?" 등의 질문을 했다. 교사의 질문을 받은 뒤 M은 양보에 대해 달라진 생각을 아주 멋지게 답했다.

한 사람 한 사람이 자신을 발견하는 일

Q2. 본인은 누군가에게 양보를 한 경험이 있는가? 구체적으로 어떤 양보를 하였으며, 그 과정에서 무엇을 느끼고 배웠는가?

교사: 배구 경기 준비하면서 생각한 점 말할 때, 인공지능이 써준 결과 그대로 읊지 않아도 돼. 네 생각 아니잖아. 챗GPT의 말은 방향성을 잡아서 힌트 얻는 데만 사용하면 돼. 그래서 넌, 이 경험으로 뭘 알았어?

M: 이 경험을 통해 제 한 번의 양보로 팀원 모두가 가까워지기도 하고, 아, 서로 협동하는 모습을 보는데 그게 좀 감동적이었어요.

교사: 좋네. 그렇다면 그 경험으로 네가 생각하게 된 양보의 의미는 뭐야? 네가 돋보이는 역할을 양보해서 어떤 결과가 만들어졌다고 생각했어?

M: 한 번 양보를 하니까 다른 애들이 다 같이 협력을 하고….

교사: 그럼 넌 앞으로 양보를 하는 사람이 될 거야?

M: 그럴 것 같아요. 저는 원래 양보를 할 때 물질적인 대가 같은 걸 바랐는데(웃음), 양보를 하니까 다른 방식의 대가가 돌아올 수 있구나, 느꼈어요. 대가 없이 양보하고 얻은 팀워크와 즐거움이 커서 이제 앞으로 대가를 바라기 전에

먼저 양보를 해보는 사람이 되어봐야겠단 생각을 했어요.

교사: 멋지다!

교사와 문답을 나눈 뒤 만든 M의 최종 대본 내용은 다음과 같다. 챗GPT가 만들어준 전략성에 M의 세세한 특성들을 얹어, 면접관이 M의 특징과 장점을 머릿속에 구체적으로 그려 볼 수 있게 하는 결과였다.

Q1. 자신이 남에게 줄 수 있는 재능이 있다면 무엇인가? 이 재능을 활용해서 봉사를 한다면 어떤 봉사를 하겠는가?

제가 남에게 줄 수 있는 능력은 행동력과 추진력입니다. 저는 남들이 하기 싫어하는 일을 빠르게 해결합니다. 제가 고교 시절 선풍기 청소나 분해, 아니면 선풍기를 나르거나 떼는 역할을 많이 하였습니다. 그리고 방학 전 대청소에서 제가 하는 분야를 빠르게 끝내고 친구들을 도와서 다른 분야도 열심히 청소하였습니다. 칠판 청결 도우미도 같이 맡으면서 칠판을 깨끗하게 하고 선생님들에게 많은 칭찬을 받았습니다.

눈앞의 해야 할 일을 빠르고 깔끔하게 하는 성격이 대학에서도 다른 학생들과 협력해서 할 일에 크게 기여할 것 같습니다. 인터넷에서 대학생들의 팀플레이가 망하는 영상을 봤는데, 보통 이렇게 망하는 이유가 다들 하기 싫은 일을 남에게 떠넘기면서 서로 의견이 맞지 않아 싸운 것 같습니다. 그래서 저는 이런 빈자리를 채울 수 있습니다. 저는 남들이 싫어하는 역할을 도맡아 제가 할 수 있는 영역까지 최대한 해보도록 노력하겠습니다.

Q2. 본인은 누군가에게 양보를 한 경험이 있는가? 구체적으로 어떤 양보를 하였으며, 그 과정에서 무엇을 느끼고 배웠는가?

고3 스포츠클럽 대회에 배구 종목으로 참가했을 때 저는 서브 역할을 맡았습니다. 스파이크나 다른 멋진 역할을 하고 싶었지만 그것을 원하는 친구들이 많기 때문에, 빠르게 오는 공을 받아주고 다음 연계를 이을 수 있게 해주는 역할을 제가 자발적으로 맡기로 했습니다.

제 역할을 양보하고 다른 팀원들에게 원하는 역할을 주자, 팀워크가 좋아졌고 모두 즐겁게 게임을 할 수 있었습니다. 저는 이 경험을 통해 제 한 번의 양보로 팀원 모두가 가까워지기도 하고, 서로 협동하게 되는 모습이 감동적으로 느껴졌습니다. 저는 이전까지 양보를 하고 얻는 것이 무엇인지를 따져왔던 것 같습니다. 하지만 대가 없이 양보하고 얻은 팀워크와 즐거움이 커서 앞으로는 대가를 따지지 않고 양보를 하는 사람이 되려 합니다.

협업이 남긴 것
해낼 수 있다는 확신

M은 무사히 면접을 치렀고, 결과를 기다리고 있다. M은 충남 소재 4년제 A대학의 가상현실학과에 지원했다. 원서 접수를 할 때에는 경쟁률이 낮은 학교/학과에 지원해서 합격 가능성을 높인다는 생각이었지만, 면접 준비 과정에서 M은 점차 학교와 학과에 대한 애정이 커지는 모습을 보여줬다.

A대학의 면접 문항은 총 3개였다. 앞서 소개한 두 문항 외에 나머지 하나의 문항은 '가상현실 기술이 사용되는 사례'였는데, M은 챗GPT의 도움을 받지 않고 스스로 답안을 구성해 면접 준비를 했다.[3] 다음은 M이 작성한 답변이다.

Q3. 가상현실이 현재 활용되고 있는 분야는 무엇이며, 앞으로의 전망은 어떠한가?

한 사람 한 사람이 자신을 발견하는 일

3번 문제에 대하여 답하겠습니다. 가상현실이 현실에서 활용되는 사례 중 가장 돋보이는 것은 버추얼입니다. 요즘 멜론 인기곡 차트에서도 유행하고 유튜브에서도 많이 등장하는 '이세계 아이돌'의 예를 들어보겠습니다. '이세계 아이돌'은 대형 유튜버 우왓군이 2021년에 만든 그룹인데, 처음 나왔을 때는 많은 사람들이 '이세계 아이돌'이 망할 것이라고 예상했습니다. 하지만 이런 의견을 깨부수고 '이세계 아이돌'은 점점 히트를 치기 시작했습니다.

2023년 8월에는 〈KIDDING〉이라는 노래를 발표했는데, 릴스나 틱톡에서 인기를 얻으며 배경음악으로 자주 등장했습니다. 그리고 '이세계 아이돌'의 멤버 중 '고세구'의 〈팬 서비스〉라는 노래는 뮤직비디오가 유튜브에서 천만 뷰를 기록해 대히트를 쳤습니다. 최근 '이세계 아이돌'은 굿즈로 만들어지거나 웹툰에 등장하는 등 가상현실 속에서만이 아니라 현실에도 영향을 주는 존재가 되었습니다. 이런 사례를 통해 생각해볼 때, 저는 가상현실에 대한 사람들의 반감이나 어색함이 계속 줄어들면서 앞으로 이 분야가 더욱 크게 발전할 것이라고 예상합니다.

M은 글쓰기 경험이 많지 않은 학생이다. 하지만 M이 스스

로 써 내려간 답변에는 (나로서는 한 번도 들어본 적이 없었던) 가상현실 기술이 적용되어 만들어진 연예인 '이(異)세계 아이돌'에 대한 정보가 논리적으로 소개되어 있었다. 제작자와 제작 시기부터 이들을 향한 대중의 반응, 이를 근거로 추측해본 전망까지 충실히 담겨 있었다. 대본의 분량은 길지도 짧지도 않은, 대학이 요구한 1분 내외라는 시간에 잘 맞춰져 있었다. 교사가 나서서 도움을 줄 만한 지점이 전혀 보이지 않는 답안을 보고 내심 놀랐다. 수업 시간에 대체로 무기력한 모습을 보였던 M이 직접 자료를 조사하며 완벽한 면접 대본을 직접 쓰다니. 마음이 울렁였다.

M이 열의를 갖고 활동에 집중할 수 있었던 이유는, 인공지능과 인간의 협업을 통해 '노력을 기울인 만큼 좋은 결과를 기대할 수 있다'는 확신을 얻었기 때문일 것이다. 혼자 면접 문항을 붙들고 있었다면 같은 시간을 투입했더라도 M이 현재 손에 쥔 답변 수준에 미치지 못하는 결과를 얻었을 것이다. 힘을 쏟아도 눈에 띄는 성과가 나오지 않아 "대학 가기 너무 힘드네"라며 포기했을 수도 있다. M이 직접 자료를 검색하고 조합해 답변을 완성할 수 있었던 가장 큰 이유는 이 활동을 거치며 얻게 된 효능감 아니었을까.

교사: M아, 면접 준비할 때 네가 쓴 초안을 챗GPT한테 한 번 수정해달라고 했잖아. 그때 너 어땠어?

M: …뭐라 해야 되나…. 제가 글 같은 걸 잘 못 쓰는데 챗 GPT가 제가 글로 잘 표현하지 못한 내용을 정리해주니까 답변이 깔끔하게 만들어져서 그게 좋았어요. 좀 더 면접 답안 같아져서.

교사: 그러면 그다음에 나랑 친구들이 네가 쓴 답변 피드백 해줬잖아. 챗GPT도 돕고 사람도 도운 건데, 너는 그 둘이 어떻게 달랐어?

M: 제 경험 다시 떠올리면서 의미를 부여하고 챗GPT가 수정해준 내용을 다시 제 말로 바꾸니까… 약간 뭐라 해야 되나? 진짜 제 생각이 되는 느낌? 그리고 제가 해온 경험들이 이런 의미가 있었구나라고 깨닫게 되는 느낌. 그런 게 있었어요.

교사: 챗GPT 사용 안 하고 면접 준비 혼자 했으면 이런 결과 못 만들었을 것 같아?

M: 제가 직접 글을 썼으면 아마 삐뚤삐뚤 뭔가 말이 이상해졌을 거예요(웃음). 진짜로 그래요(웃음). 확실히 중간에 기계 도움을 받아서 틀이 잡힌 게 도움이 되었던 것 같아요.

교사: 하지만 네가 초안을 잘 써서 가능했던 거야. 챗GPT

는 네가 쓴 이야기를 초점화만 시켜준 거잖아.

M: 하지만 그렇다기엔 너무 많이 깔끔해져서(웃음).

그리고 '우리 모두의 Y'
배경지식을 요구하는 면접의 경우

대학마다 면접에서 묻는 내용이 상당히 달랐는데, Y가 지망하는 B대학은 전공 분야의 배경지식을 확인하는 편이었다.

Y는 책임감 있는 생활 습관에 비해 학업 성취도가 높은 편이 아니다. 교과 시간에 엎드린 적이 없고 인터넷 강의도 따로 찾아 듣는 등 학업에 착실히 힘을 쏟았지만, 내신 성적은 6등급 근처를 맴돌았다. B대학은 미래 자동차공학 분야에서 유명한 수도권 소재 전문대학이었고, 전 학과에서 면접 고사가 실시되었다.

M이 의미 있는 경험을 구체화하는 방식으로 대본을 작성한 반면, B대학은 전공에 대한 관심도와 배경지식을 주로 묻는다는 점에서 Y의 준비 과정은 M과 달라야 했다. 미래 자동차공학 분야에 대한 정보와 지식 습득이 필요했던 것이다. 정

보를 학습하지 않은 상태에서 Y가 2차시에 작성한 초안은 다음과 같다.

Q. 향후 졸업 후 본인이 희망하는 취업 분야에 대해 말씀해주세요.

저는 전기자동차 정비사가 되고 싶습니다. 현재는 전기자동차가 고장이 나거나 이상이 생기면 다들 서비스센터로 몰리고 있습니다. 하지만 전기자동차 정비사가 된다면 서비스센터가 아닌 카센터에서 바로 정비할 수 있도록 전기차 정비사가 되고 싶습니다. 그래서 저는 전기차 정비사가 되어서 많은 사람들이 전기차를 타고 다니는 날이 빨리 왔으면 좋겠습니다.

개선이 필요했다. 이 분야에 대한 흥미는 갖고 있으나 실질적인 지식이 없다는 점이 여실히 드러났기 때문이다. 챗GPT에게 수정 요청을 했지만 초안의 정보를 바탕으로 작업하다 보니 수정본에서도 본질적 한계가 그대로 노출되었다. 형식과 표현은 면접 답변에 맞춤하게 다듬어졌으나 내용이 보완되지는 않았다. 다음은 챗GPT의 수정 결과다.

저는 전기자동차 정비사로서의 꿈을 가지고 있습니다. 현재 전기자동차는 점차 더 많은 사람들에게 인기를 얻고 있지만, 이를 정비하고 서비스하는 데에는 아직도 많은 도전과 기회가 있습니다. 전기자동차가 고장이 날 때마다 서비스센터에 몰리는 상황을 개선하고, 카센터에서 고객들의 요구를 직접 해결할 수 있는 전기자동차 정비사로서의 역할을 수행하고 싶습니다.

전기자동차의 지속적인 성장과 기술 발전에 기여하며, 환경 친화적인 교통수단으로 더욱 보편화되는 과정에 참여하고자 합니다. 이를 위해 미래 자동차 학과에서 공부하고, 전기자동차의 복잡한 기술을 이해하며 능숙하게 다룰 수 있는 역량을 키우고자 합니다.

전기자동차 정비사가 되어 많은 사람들이 더 많이 전기자동차를 타고 다닐 수 있는 날이 오기를 소망합니다. 이를 위해 열심히 노력하고, 지식과 기술을 습득하여 전기자동차 산업에 기여하고자 합니다.

매력적인 답변을 만들기 위해서는 미래 자동차의 동향과 전망에 대한 학습이 필요했다. 면접 준비를 위해서도 필요했지만, 이참에 자신이 흥미를 느끼는 분야를 스스로 학습할 수 있는 능력을 조금이라도 키워주고 싶었다. 우직하게 공부하지만 눈에 띄는 성과를 거두지 못해온 Y가 안쓰러웠던 차였다. 텍스트의 요점을 파악한 뒤 자신의 생각을 더해 더욱 깊이 있는 사고의 결과를 내놓는 '학습'을 경험하는 일은 그가 자신

구글 독스에서는 인터넷 문서의 링크를 붙여 넣기 한 뒤 URL 위에 마우스를 올리면 "URL을 URL 문서의 제목으로 대체하겠습니까?"라는 메시지가 뜬다. "예"라고 응답하면 캡처에 실린 내용처럼 URL이 기사 제목으로 바뀐다. 신통방통한 인터넷 세상!

의 공부를 해나가는 데 도움이 될 것이다.

Y에게 20분 동안 미래 자동차와 관련된 인터넷 신문들의 기사를 찾아 읽어본 뒤 인상적인 것들의 링크를 대본 작성용 문서에 붙여 넣으라고 일렀다.

검색이 끝난 후에는 기사문의 주요 내용을 요약해서 링크 하단에 써 넣으라는 과제를 줬다. Y는 언제나처럼 성실히 매진했지만, 기사에 담긴 정보의 양이 많고 익숙하지 않은 어휘가 자주 등장하는 탓에 속도가 잘 붙지 않았다. 10분 동안 Y는 자신이 찾은 6개의 기사 중 2개를 요약했는데, 이 결과도 '미래 자동차, 새로운 주거환경'[4], '정부 반대, 디젤차에서 전기차로 변경'[5] 등 기사에 실린 몇 가지 키워드를 찾아 옮긴 정도여서 줄거리 정리로 보기에는 아쉬웠다. 이 정도로는 Y가 내용을 제대로 이해했는지 확인할 수 없었다.

낯선 정보 속에서 내 이야기 찾기
자료 요약과 이해

면접 준비를 위해 Y가 해야 할 일은 미래 자동차의 발전 동향을 확인한 뒤, 이 분야에서 본인이 하고 싶은 일을 생각하는 것이었다. 요약 능력이나 문해력 향상이 목표인 수업이라면 학생이 직접 기사문을 간추려야겠지만, 우리가 지금 하려는 일은 면접 상황에 어울리는 자신의 이야기를 만드는 것이었으므로 요약을 인공지능에게 맡겨 전반적인 활동 효율을 높이는 것이 낫다고 판단했다. 그래서 챗GPT를 활용해 기사문을 요약해보라고 권했다.

Y가 요약을 요청한 기사 중 가장 중요한 정보들이 많이 담긴 것은 A4용지 3쪽 분량이었다. 다른 기사의 3~4배 정도 되는 분량이었으나 미래 자동차가 지향해야 할 방향이 기술되어 있다는 점에서 반드시 숙지해야 할 내용이었다.[6] 챗GPT는 "이 기사를 요약해줘"라는 Y의 요청을 받고 2,500자가량의

글을 한 문단으로 정리해줬다.

미국 미시간대 교수 후이 펑은 "자동차 시장은 침체되는 반면 전기차에 대한 수요는 늘어나고 있다"고 강조하며, 자율주행차와 전기차가 미래 자동차의 주요 트렌드가 될 것이라고 말했습니다. 그러나 배터리 가격이 여전히 높고 내연기관의 효율도 따라가지 못하고 있다고 지적했습니다. 그는 '분산형 전원 하이브리드 전기차' 기술을 극찬하며, 이 기술을 통해 최적화와 시뮬레이션으로 하이브리드 트럭의 연료 소모량을 56.8% 줄일 수 있다고 소개했습니다. 또한 지능형 자동차 개발을 위해 인공지능(AI) 기술을 활용해야 하지만, 전통적인 지식과 AI 기술을 결합하는 것이 중요하다고 강조했습니다. 그는 미래 자동차 연구는 기후변화와 안전에 대처하는 데 기여해야 한다고 강조했습니다. 현재 제주도에서는 전기차 정책을 활발하게 펴고 있지만, 충전 인프라의 미비함과 충전 불안으로 인해 아직까지 전기차 보급이 어려움을 겪고 있다고 설명했습니다.

정보량이 많은 기사이다 보니, 한 문단으로 요약해도 내용이 잘 파악되지 않았다. 챗GPT에게 가독성이 좀 더 높은 형태의 결과를 한 번 더 요구했다.

지금 요약해준 내용을 항목별로 요약해서 보여줄 수 있어? 산문 형태로 요약을 하고 보니 중요한 내용이 눈에 잘 들어오지 않네.

1. 전문가 의견:
- 미시간대 교수 후이 펑은 전기차 수요가 증가하고 자율주행차와 전기차가 미래 자동차의 주요 트렌드로 떠오를 것이라고 강조.
- 그러나 배터리 가격 높고 내연기관 효율 낮아 전기차 보급에 어려움.

2. 친환경 기술 소개:
- '분산형 전원 하이브리드 전기차' 기술 소개.
- 해당 기술을 통해 하이브리드 트럭의 연료 소모를 56.8% 줄일 수 있음을 설명.

3. 지능형 자동차와 인공지능:
- 지능형 자동차 개발에는 인공지능 활용이 필수.
- 전통적인 지식과 AI를 결합해야 안전성을 보장할 수 있음을 강조.

4. 미래 자동차 연구의 의미:
- 미래 자동차 연구는 기후변화와 안전 문제에 대처하는 데 기여해야 함을 강조.

한 사람 한 사람이 자신을 발견하는 일

- 자동차 산업은 기후변화와 안전 문제를 해결하기 위한 큰 도전.

5. 제주도의 전기차 정책과 문제점:
- 제주도는 전기차 정책을 적극적으로 추진하고 있으나, 충전 인프라의 부족과 충전 불안이 전기차 보급을 어렵게 함을 언급.

이런 식으로 챗GPT를 활용해 6개의 기사를 모두 요약한 뒤, Y는 자신이 면접에서 답변하고 싶은 키워드에 구글 독스의 형광펜 기능으로 음영을 넣어 표시했다. 기사문을 직접 요약할 때만 해도 Y는 다소 긴장한 모습이었다. 이 낯설고 복잡한 개념들을 충분히 숙지해서 말할 수 있을지 염려하는 듯했다. 하지만 챗GPT가 만들어준 요약문을 받아 들고 밑줄을 긋는 Y의 손놀림은 빠르고 경쾌했다.

이제 기사 내용이 좀 이해되느냐고 물었더니 Y는 빙글빙글 미소를 지으며, "네, 혼자 했으면 다 못 읽고 포기했을 텐데 이게 있어서 다행이에요"라고 말했다. "면접 시간이 3분이라고 하셨죠? 그 3분은 내 거다!"라며 너스레를 떠는 모습을 보니 확실히 부담이 많이 줄어든 것 같아 마음이 놓였다.

사실 국어 교사인 나도 Y가 찾은 기사문을 읽고 한 번에 이해하기가 쉽지 않았다. 전문 용어와 숫자가 너무 많이 실려 있어서 눈을 부릅뜨고 정신을 차리지 않으면 자꾸 집중이 흐려졌다. 나도 읽기 힘든 글을 Y가 혼자 읽고 자기 것으로 만드는 일은 상당히 버거웠을 것이다. 하지만 챗GPT의 도움을 받아 자료를 요약하자, Y는 면접 준비에 필요한 핵심적인 정보를 손쉽게 파악할 수 있었다.

30분의 기적
하고 싶은 일의 재발견

3차시에는 2차시에 찾은 키워드들을 바탕으로 면접 대본을 새롭게 구성했다. Y는 지난 시간 인상적이었다고 표시한 키워드 중 '예측 정비 솔루션'을 활용하기로 했다. 초점이 명확히 정해지자 답변을 구상하는 일이 훨씬 쉬워졌다. 예측 정비 솔루션과 연관 지을 수 있는 경험들을 떠올려 메모한 뒤, 조합이 가장 좋은 것들을 엮었다. 평소 Y가 자동차를 바라볼 때 가장 중시하는 바가 안전이었다는 점, 가족과 함께 자동차 사고를 소재로 한 TV 프로그램을 즐겨 본다는 점을 담아 면접 대본을 완성했다.

한 사람 한 사람이 자신을 발견하는 일

Q. 향후 졸업 후 본인이 희망하는 취업 분야에 대해 말씀해 주세요.

예측 정비 솔루션에 관심이 있습니다. 예측 정비 솔루션은 자동차 회사가 차량에 문제가 발생하기 전에 일어날 수 있는 문제를 파악하고 사용자에게 알려주는 시스템입니다.

제가 자동차에서 가장 중요하다고 생각하는 것은 사용자의 안전입니다. 제가 즐겨 보는 프로그램 중 하나는 〈맨 인 블랙박스〉입니다. 그 프로그램에서는 급발진이나 엔진 과열 등의 차량 문제 때문에 벌어지는 사고들이 종종 소개됩니다. 운전자의 잘못이 아닌데 차량의 문제 때문에 큰 사고가 일어나는 모습을 보며 안타까웠습니다. 저나 제 가족이 겪는 일이라면 얼마나 무섭고 화가 날까 하는 생각도 들었습니다. 그래서 자동차와 관련한 직업을 갖게 된다면 안전을 강화할 수 있는 방법을 찾는 일을 해보고 싶다는 생각을 해 왔습니다.

이 분야에서 가장 앞서 나간 기술을 갖고 있는 ○○ 기업에 입사하여 이 분야에 대한 연구를 해보고 싶습니다.

초안을 쓸 때 자동차 정비 일을 하고 싶다고 했던 것과 상당히 다른 방향의 내용이어서 흥미로웠다. 희망 진로가 정비에서 연구로 바뀐 이유를 Y에게 물었다. 놀라운 답변이 돌아왔다.

"자동차 관련 일을 하고 싶긴 했는데, 관련된 직업을 정비랑 판매밖에 몰랐어요. 성격상 사람 만나서 물건을 사라고 권하는 말을 못할 것 같아서 정비를 하면 되겠다고 생각했어요."

Y와 면접 준비를 할 때 자료를 해석해 활용하는 연습 과정을 넣은 이유는, 그가 하고 싶은 공부를 할 때 이 경험이 도움이 되길 바라는 마음이었다. 하지만 Y는 여러 자료를 찾아 읽고 해석히는 과정에서, 원하는 정보를 얻는 데서 한 발 더 나아가 하고 싶은 일의 범위를 새롭게 정해버렸다. 고작 30분을 투입해서 일어난 변화라는 것이 한편 슬프기도 했지만, 이 30분이 없었다면 Y는 자신이 알고 있는 2개의 직업 중 하나를 택하는 방식으로 직업 방향성을 정했을 것이다. 선택의 이유조차 "내가 이걸 너무 좋아하니까!"가 아니라, "다른 일은 적성에 안 맞으니까 그나마 잘할 것 같은 이걸로 해야지"였다. 하지만 챗GPT의 도움을 통해, 혼자 읽기에 버거운 정보를 자기 눈높이에 맞게 수정해서 자신의 삶이나 생각과 연결 지어 이해하는 경험은 Y에게 '내가 하고 싶은 일', '내가 할 수 있는 일'을 새롭게 발견하게 하는 계기가 되었다.

한 사람 한 사람이 자신을 발견하는 일

교사: 지금 우리가 여기까지 했는데, 해보니까 무슨 생각이 들어?

Y: 처음에는 엄청 막막했는데 그래도 이젠 해볼 만한 것 같아요.

교사: 좋아, 어떤 점에서 해볼 만하다는 생각했어?

Y: 처음에 준비할 때 답을 전부 제 생각으로만 쓰는 게 부담스러웠어요. 제 생각을 넣어서 쓴다고 썼는데 결과는 그렇게 좋아 보이는 것 같지 않고. 그런데 자료 찾고 제 경험 연결 짓고 하니까 부담도 덜 되고, 결과물도 좋은 것 같아요. 방법 알고 나니까 처음보다 덜 막막해요.

교사: 그럼 나머지 질문들도 이런 식으로 답변 쓸 수 있겠어?

Y: 네, 해볼게요. 할 수 있을 것 같아요.

쓸모라는 말보다 자유로운

M은 모의 면접을 하는 날, 옷장에서 가장 단정한 옷을 찾아 갖춰 입고 왔다. 그리고 Y는 "선생님, 너무 고통스러워요!"라고 말하면서도 매일 노트북을 끼고 다니며 면접 답안

을 다듬었다. 열중하는 아이들의 모습을 보면서, 챗GPT의 도움을 구하지 않았더라면 이렇게 즐겁게, 기꺼이 노력을 쏟을 수 있었을까, 라는 의문이 자주 생겼다. 노력한 만큼 더 나아질 수 있다는 확신, 필요할 때 언제든 열어서 얼마든지 활용할 수 있는 도구가 있다는 점이 더 힘껏 열정을 쏟을 수 있는 이유가 되었으리라.

교사 입장에서도 챗GPT를 만난 것이 다행이다. 그렇지 않았다면 면접 준비를 위한 기본적인 내용들을 설명하느라 에너지를 소진해서 이 정도 깊이의 생각을 끌어내지 못했을 것이다. 챗GPT는 학생과 교사가 활동에서 가장 중요한 지점에 정확히 힘을 쏟을 수 있도록 보조해줬다.

면접 준비를 돕는 과정은 '내가 아이들에게 쓸모 있는 존재인 것 같지 않은데 어쩌지?'라는 고민의 답을 찾아가는 과정이기도 했다. 내심, 이 수업이 끝나면 '역시, 난 쓸모 있는 교사였어'라는 깨달음을 얻을 수 있기를 기대했다. 하지만 안타깝게도 그 결론에 도달하진 못했다.

하지만 M이 학급 대항 배구 경기 준비를 할 때 돋보이는 역할을 흔쾌히 다른 이에게 양보했다는 사실, 어릴 때부터 혼자 일어나 등교 준비를 하는 게 습관이 되었다는 사실, Y가 가족과 나란히 앉아 〈맨 인 블랙박스〉를 시청하는 시간을 상당히 좋아한다는 사실, 타는 사람이 안전했으면 하는 목표를 갖고 차를 만드는 사람이 되려 한다는 사실 등을 알게 되었다. 면접 준비를 하며 처음 만난 학생들의 면면은 내가 이제까지 알아왔다고 생각한 아이들을 실은 전혀 모르고 있었다는 점을 일깨웠다. 또한 아이들은 자신이 이미 갖고 있었음에도 인식하지 못했던, 혹은 별것 아니라고 여기던 자신의 장점과 관심사, 흥미와 지향 같은 것들을 교사, 친구들, 그리고 인공지능과 함께 발견해나갔다. 아이들이 "제가 이런 사람이었군요!"라며 깨닫는 경험을 할 때마다 나도 곁에서 함께 놀라워하고 즐거워했다.

이 과정에서 나는 분명 기쁨을 느꼈다. 하지만 이 경험을 '나는 쓸모가 있어, 역시!'라는 결론을 내리는 데 사용하고 싶지 않다. 아이들에게 스스로를 발견하고 언어화하는 경험을 부여한 일을 '쓸모'라고 칭하기에는 너무 불경스럽지 않은가. 우리는 그보다 훨씬 더 크고 아름다운 일을 해냈으니까. 그런 점에서 나는 쓸모 있는 교사가 되고 싶다는 욕심에서 조금은 자유로워졌다. 나아가 '굳이 쓸모 있어야 해?'라는 질문을 갖게 되었다. 대신 아이들이 자신을 발견하는 과정에 함께하는 교사, 아이들이 노력을 쏟은 만큼 더 잘할 수 있다는 확신을 갖는 경험을 마련해주는 교사가 되고 싶다는 더 큰 야망(!)을

품었다. 그리고 분명, 그때 챗GPT는 지금처럼 도움이 되어줄
것이라고 확신한다.

한 사람 한 사람이 자신을 발견하는 일

아날로그 교사인 나를 살게 하는 것

질문을
가꾸는 토의로

인간과 기술의 관계
고민하기

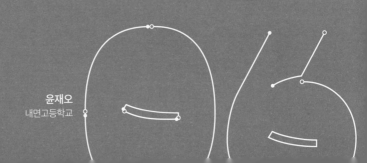

윤재오
내면고등학교

아날로그 교실에 꿀핀 디지털 세상

올해 초 모임에서 만난 한 국어 선생님께 '챗GPT'라는 단어를 처음 들었다. 다들 대단하다고 찬양 일색이었는데 새로운 기계가 두려운 나는 고개를 절레절레 저었다. 하지만 호기심을 참지 못하고 며칠 뒤 오픈 AI 사이트에 접속해 챗GPT와 대화를 시도하긴 했다.

"아이를 잘 키우는 법을 알려줘."

"음, 다 맞는 말인데 재미는 없군."

이게 챗GPT와의 첫 만남이었다. 나는 아날로그적인 것이 '진짜'라며 기계 문명을 애써 외면해왔다. 그러나 코로나19를 거치면서 수업은 더 이상 종이와 펜만으로 되지 않는다. 오히려 디지털 도구가 학생과의 실시간 상호작용을 돕고, 시들었던 학생들을 싱싱하게 깨운다. 수업 시간에 쓴 글을 사진 찍어 패들렛에 올리고, 동시간대에 같이 읽으면서 댓글을 단다. 학생들은 A4 종이와 한글 프로그램을 넘어서 구글 독스에 서평을 쓰고, 교사와 친구들은 댓글로 피드백을 하고, 심지어 한 화면에 여럿이 동시 접속해서 협력적 글쓰기를 한다. 기계가 발달해서 시공간에 구애받지 않고 공부할 수 있게 되면 학교는 사라질 거라고들 했던가. 온라인 기술은 오히려 수업과 한 몸이 되었다. 교실의 기본값은 이제 블렌디드 러닝이다.

이번엔 챗GPT다. 챗GPT를 보면서 감탄하는 동시에 인간을 뛰어넘을까 봐 무섭다. '사람이 생각해서 글을 써야지 기계가 글을 쓴다고? 이렇게 기계에 의존해도 될까? 챗GPT를 수업 시간에 쓰게 해도 될까?'라는 질문이 주렁주렁 열렸다. 하지만 그간의 경험을 바탕으로, 무조건 싫다고 하기보다 교실에서 유용하게 쓸 수 있는 방법을 고민하는 것으로 생각의 방향을 바꿨다. 내 선택과 상관없이 학생들은 챗GPT와 공존할 테니까.

가르치는 자와 배우는 자의
경계를 넘어

이 수업은 챗GPT에 대해 공부하고, 그것을 바탕으로 칼럼 한 편을 쓰면서 챗GPT의 장점과 한계, 인공지능과 인간의 관계를 고민하고 토의한 결과를 정리한 것이다. 단순히 기술을 활용하는 수업이 아니라 인간과 기술의 관계를 고민하는, 머리가 아파지는 시간이 되길 바랐다.

교사나 학생 모두가 시행착오에 대한 부담이 없어야 자유롭게 수업을 구상할 수 있다. 마침 평가의 압박이 덜한 '논술' 과목을 맡고 있어서 챗GPT 수업을 하기에 맞춤이었다. '이수/미이수'로 성적이 처리되고, 글을 읽고 분석적·비판적 글쓰기를 하는 수업이기 때문에 성취기준과도 맞았다.

고3 학생들에게 챗GPT를 사용해본 적 있냐고 물었더니 전부 '그렇다'고 답한다. 아이들의 대답에 놀랐다. 컴퓨터 게임이나 유튜브, SNS만 한다고 생각했는데 인공지능에 이렇게 관심이 있는지 몰랐다. 전부라고 해봤자 다섯 명뿐이지만! 소규모 농어촌에 위치한 고등학교라 학급별 인원이 열 명을 넘지 않는다. 그래서 오히려 이 수업을 시도해보기에 좋았다. 큰 학교에서는 모둠으로 진행하면 된다.

"1학기 마지막 논술 프로젝트예요. 뭘 할까 궁리하다가 여러분과 같이 만들어가는 수업을 해보기로 했어요. 챗GPT 수업은 나도 처음이고, 누구라도 처음이기 때문에 앞으로 갔다 뒤로 갔다 할 수밖에 없어요. 그렇지만 여러분은 챗GPT를 사용하는 세대가 될 것이고, 그럼 우리가 먼저 사용해보면서 이것의 장점과 한계, 활용 방안을 토의해보면 의미가 있지 않을까요? 이 수업은 가르치는 자와 배우는 자의 경계를 뛰어넘어 같이 만들어가는 수업이 될 거예요."

문명의 최전선에 있는 도구를 수업에 도입한다니 아이들의 눈빛이 환하게 빛났다. 내게도 이 활동은 의미가 크다. 전통적인 교사의 역할을 확 벗어나기에 그렇다. 내가 일방적으로 지식을 전수하는 것이 아니라 학생들의 도움을 받아 수업을 꾸려나간다. 모험이 가득하다. 그래서 막막했다.

이제 막 탄생한 챗GPT에 대한 수업 자료가 거의 없었고, 시중에 있는 책을 사서 읽어봤지만 뻔한 이야기가 많았다. 그래서 머릿속의 구상을 구체적으로 실현하기가 어려웠는데, 동료의 블로그에 수업 일기가 올라왔다.[1] '언어와 매체' 시간에 챗GPT로 수업하는 내용이었다. 그의 도움을 받아 전체 수업의 흐름을 짰고, 계획했던 수업은 다음과 같다.

단계	개요	차시	활동 내용
1	챗GPT 공부하기	1차시	• 김대식 교수의 유튜브 영상 보기 • 중요하다고 생각하는 내용 메모하기 • 소감문 작성하기
2	토의 질문 해결하기	2차시	• 개인 질문 2개씩 만들기 • 대표 질문 2개 선정하기
		3차시	• 토의 질문 해결하기 • 소감 나누기
3	칼럼 쓰면서 챗GPT 활용 방안 생각해보기	4차시	• 챗GPT와 대화하면서 칼럼 주제 선정하기
		5차시	• 챗GPT로 칼럼 초고 쓰기
		6차시	• 개인의 경험과 인터넷 자료를 덧붙여 칼럼 고쳐쓰기
4	포럼 열기	7차시	• 포럼 발표 주제 정하기 • 발표 자료 만들기
		8~10차시	• 포럼 개최하기
5	마무리 토의하기	11차시	• '인공지능과 인간의 관계' 토의하기

챗GPT, 제대로 공부해보자

[1~2차시] 우리가 정말 궁금했던 것들

챗GPT를 제대로 쓰기 위해서는 먼저 이것의 운영 방식과 활용 방법에 대해 공부하는 것이 필요하리라. 지식이 없는 상태에서의 토의는 얕고, 같은 말만 빙빙 돈다. 이때 학생들에게 물음표를 던지는 자료를 같이 보면 좋다. 대부분 학생들이 챗GPT와 대화해봤다고 했지만 재미 삼아 해본 것에 불과했다. 어떤 대화를 해봤냐고 물었더니 수영이가 답한다. "여자 친구 사귀는 법이요."

김대식 교수의 유튜브 영상[2]은 수업 시간에 보기에 길이가 적당하고, 챗GPT가 우리에게 미치는 영향과 핵심 원리를 명쾌하게 설명한다. 특히 질문에 따라 챗GPT의 대답이 바뀌는 것을 보면서 프롬프트의 중요성을 강조한다. 챗GPT에 모든 지식은 들어 있지만 어떻게 질문하느냐에 따라 질적으로 차원이 다른 대답을 내놓는다는 것이다.

학생들은 유튜브 영상을 보면서 자신에게 의미 있다고 생각되는 내용을 간단히 메모한 뒤, 친구들과 대화하고 싶은 질문을 2개씩 만들었다. 이번엔 내가 수업 내용을 장악하는 상황이 아니었고, 학생들이 자신의 흥미에 맞게 활발하게 토의했으면 해서 학생들의 질문으로 진행했다. 영상을 보면서 챗GPT에 대해 더 궁금한 점, 새롭게 떠오르는 의문, 서로의 입장이 다를 수 있는 쟁점을 질문으로 만들었는데, 그 질문으로 왜 대화를 나누고 싶은지 이유를 적게 했다. 이유를 말할 수 없다면 그 질문은 그냥 질문을 위해 만든 질문일 수도 있으므로.[3]

아날로그 교사인 나를 살게 하는 것

토의해보고 싶은 질문과 그 이유

- 챗GPT의 한계는 어디까지인 걸까? 오픈 AI에서 일부 질문을 막아놓았는데, 가정형 질문에 대답하는 것을 보고 챗GPT의 원리와 한계가 궁금해졌다.

- 비전문가들이 챗GPT를 장악했을 때 부작용은? 전문가들이 사용하고 제작을 한 지금의 시점에서도 문제가 일어나고 있다. 챗GPT의 전망은 상상이 되지 않는데 이것을 비전문가들이 장악했을 때는 어떤 문제가 생길지 궁금하다.

- 챗GPT로 인해 다른 직업이 피해를 입지는 않을까? 챗GPT로 일자리를 잃는 사람도 있을 것 같다.

- 챗GPT가 만든 예술의 저작권은 어떻게 처리해야 하나? 저작권이 인간에게 있는 것인지, 챗GPT에게 있는 것인지 궁금하다.

- 문화 콘텐츠에서 인공지능을 사용하는 것은 잘못일까? 오히려 양과 질에서 인공지능을 사용하는 것이 좋을 것 같은데 반대하는 사람들이 많아서 의견을 나눠보고 싶다.

- 챗GPT가 메타버스처럼 설레발로 그칠까? 작년 메타버스 열풍이 불었으나 콘텐츠나 하드웨어적 문제로 일시 유행으로 끝났다. 이번에는 어떨까?

학생들이 만든 질문을 교실 전체에 띄워놓고 같이 보면서 질문의 의도, 질문이 가지는 의의를 파악했다. 중요한 질문을 고르는 데 도움이 되는 좋은 시간이었다. 그다음 자신에게 매력 있게 다가온 질문을 2개 고르도록 했고, 가장 많은 표를 받은 질문 2개를 학급 대표 질문으로 선정했다.

학습자 주도성을 보다
[3차시] 두 개의 질문, 뜨거운 토의

학생들이 선택한 대표 질문은 '문화 콘텐츠에서 인공지능을 사용하는 것은 잘못일까?'와 '챗GPT가 만든 예술의 저작권은 어떻게 처리해야 하나?'였다. 먼저 희주가 말문을 텄다.

"문화 콘텐츠의 범위는 어디까지를 말하는 거야?"

정확한 대화를 위해서는 질문을 자기 언어로 해석하는 과정이 필요한데, 희주의 물음으로 질문의 초점이 분명해졌다. 학생들은 친구들의 말에 자기 생각을 얹으며 "네 말을 들으니까 나는 이런 생각이 들어"라고 말하는 식으로 대화를 이어갔다.

"저는 문화 콘텐츠에서 인공지능을 사용하는 게 왜 잘못된 건지 잘 모르겠어요. 인공지능이 소설을 쓰고 그림을 그렸을 때 우리가 봐서 재밌다 하면 되는 거 아닌가요? 굳이 기계가 만든 거냐, 사람이 만든 거냐 따져야 하나요?"

"그렇지만 사람이 완전히 자기 힘으로 써낸 시집과 챗GPT의 힘을 빌려서 쓴 시집이 동시에 있다면, 저는 온전히 사람이 창작한 시집에 돈을 내고 싶어요."

"저는 인간의 손길 없이 인공지능 혼자서 만든 것을 그냥 사용하는 것은 잘못됐다고 봐요. 인공지능이 만든 것을 바탕으로 인간이 수정을 한다면 사용해도 괜찮고요. 인공지능이 만든 걸 그냥 사용하는 건 성의가 없어 보여요."

"친구들의 이야기를 들으니까 저도 인간이 만든 것을 더 찾을 것 같은데, 그 이유를 생각해봤어요. 저에게는 인간이 더 우월하다는 생각이 있어요. 무의식에 인간이 더 대단하다는 생각이 있으니까, 인공지능 따위가 우리 자리를 대신할 수 없다고 판단하는 거죠."

두 번째 주제인 저작권에 대한 토의도 흥미로웠다.

"챗GPT는 인간의 데이터를 가지고 새로운 내용을 생성하잖아요. 그러면 저작권을 인간의 데이터에 부여해야 하는지, 챗GPT에 부여해야 하는지 모르겠어요."

"인간의 창작도 마찬가지 아닌가요? 챗GPT가 인간의 데이터를 모방해 창작하는 것처럼, 인간도 다른 사람의 결과물을 모방해 새로운 것을 만들잖아요. 인간의 창작과 기계의 그것은 동일한 것 같은데요? 인간의 모방은 괜찮고, 챗GPT의 모방은 문제가 되나요?"

아이들의 목소리가 높아지고 얼굴이 상기되었다. 공기가 뜨겁다. 아직은 잘 알지 못하는 챗GPT에 대해 토의하면서 오히려 궁금증과 흥미가 생겼고, 가장 최신의, 교과서에도 나오지 않는 현재진행형의 기술에 대해 근거를 갖춰 동의하고 반박하는 과정이 재미있었단다. 또 챗GPT는 누구에게나 낯설고 어려운 주제이기 때문에, 자신이 하는 이야기가 맞는지 틀리는지 검증하지 않고 편하게 이야기할 수 있어서 좋았다고 했다. 영재는 자신의 관심 분야인 과학기술에 대해 토의하는 것 자체를 반겼다. 그동안 교사인 나도 자신 없고 잘 모른다는 이유로 과학 이야기를 회피했는데 수업 시간에 더 다양한 반찬을 준비해야겠다는 생각이 들었다.

토의를 마치고 돌아가며 소감을 말하는 자리에서 민수와 희주는 이렇게 말했다.

"친구들과 공유하는 과정에서 공부가 되어서 좋았어요. 이런 형식의 수업이 안 맞는 학생들도 있겠지만 저는 이런 게 진짜 공부라고 생각하거든요. 한 주제에 대해서 깊이 파고들면서 배우는 게 재밌어요."

"사람과 인공지능의 관계에 대해 내가 어떻게 생각하는지 말하면서 스스로 정리가 되었어요. 저는 인간을 인공지능보다 뛰어난 존재로 볼 필요가 없다고 생각해요. 인간은 너무 인간중심적이에요."

지금 한 교실에 있는 학생들은 초·중·고를 거의 같이 다녔기 때문에, 서로에 대해 아주 잘 알고 새로울 것이 없다고 생각하는 경향이 있다. 하지만 아무도 겪어보지 못한 주제로 토의하며 "얘가 이런 생각도 한다고?" 하면서 서로를 낯설게 볼 수 있었다. 친구의 마음속에 있는지 몰랐던 질문과 생각을 통해 자기가 아는 세계가 전부가 아님을 깨달았다.

나는 이 아이들을 1학년 때부터 보아왔고, 작년부터 2년째 가르치고 있다. 이렇게 50분을 꽉 채워 토의하는 모습을 보니 아이들 사고의 근육이 나날이 튼튼해지고 있음을 느낀다. 이젠 서로 돌아가며 사회를 능숙하게 보고, 중간에 끼어들어 질문도 한다. 말을 안 하는 친구에게는 "○○은 어떻게 생각해?"라며 발언권도 균등하게 부여한다. 반복적인 훈련을 하면서 한 뼘씩 성장한 결과다. 그 흔한 사교육을 일절 받지 않고 오로지 공교육의 공부가 전부인 아이들이기 때문에 내 수업에 대한 책임감이 크다. 내가 부지런히 공부하면서 학생들에게 지적 자극을 팍팍 주고 싶다. 또 챗GPT 같은 온라인 도구는 농어촌이라는 물리적 제약 없이 누구에게나 열려 있으니까.

수영이가 자기 생각을 꼿꼿하게 이야기하는 영재를 보면서 말한다.

"선생님, 영재가 진짜 많이 바뀌었어요. 중학교 때는 거의 눈만 깜박이고 아무 얘기도 안 했거든요."

그러자 영재는 "내 생각을 이야기해도 괜찮다는, 안전하다는 느낌이 저를 달라지게 한 것 같아요"라고 반응했다.

학생이 질문하는 주도적인 수업이 되려면 교사가 먼저 실수를 용납하고 너그러운 교실을 만들어야 한다. 영재의 말이 내게 믿음과 용기를 준다. 수업을 통해 교사와 학생이 더 나은 존재로 형성되어간다.

이론에서 실전으로
챗GPT로 칼럼 쓰기

이번엔 챗GPT를 활용해 칼럼을 써볼 차례다. 초고 쓰기에 대한 아이디어는 김대식 교수의 《챗GPT에게 묻는 인

아날로그 교사인 나를 살게 하는 것

류의 미래》[4]라는 책의 서문에서 얻었다. 이 책에는 인간과 챗
GPT의 대화가 실려 있다. 작가는 챗GPT에게 서문을 써달라
고 부탁하고, 계속 후속 질문을 하면서 글을 다듬어나간다. 책
의 내용이 무엇이며 총 몇 장으로 구성되어 있고 각각의 장에
어떤 내용이 포함되어야 하는지 알려준 뒤, '이 책이 세계적인
베스트셀러가 될 수 있도록', '기술적인 내용을 포함하도록',
'이 책을 어떤 독자가 왜 읽어야 하는지 알 수 있도록' 수정해
달라고 요구하는 식이다.

학생들과 책의 서문을 같이 읽으며 자신이 원하는 답을 도
출해나가는 과정을 공부했다. 정확한 답변을 얻기 위해서는
질문을 구체적이고 치밀하게 해야 한다는 것, 그러기 위해서
는 그 분야 전문가가 되어야 한다는 것을 알 수 있었다. 나는
학생들이 책의 작가처럼 챗GPT에 프롬프트를 넣으면서 거
친 초고를 완성한 다음에, 자신의 고유한 경험과 인터넷에서
조사한 자료를 덧붙여 자기만의 칼럼을 완성하길 바랐다. 이
러한 과정을 거치면서 새롭게 알게 된 챗GPT의 장점과 한계,
활용 방안에 대해 토의하는 포럼으로 수업을 마무리하면 아
주 깔끔하겠다! 그러면 이젠 칼럼이 무엇인지 설명할 차례.

어떻게 할까 고민하다가 역시 챗GPT와 대화를 나누기로
했다. 챗GPT 수업이니까 이것을 적극적으로 활용하자. 초등

학생도 이해할 수 있게 칼럼의 정의를 써달라고 해서 답변을 받았고, 그것을 바탕으로 칼럼은 '자기의 경험에서 씨앗을 찾고, 이것을 사회적인 문제의식으로 확대해나가는 것'이라고 설명했다. 그리고 챗GPT로 자신이 의도한 글을 쓰려면 프롬프트를 잘 넣는 것이 핵심이기 때문에, 컴퓨터공학 쪽으로 진로를 생각하는 민수가 추천해준 동영상[5]을 보면서 질문하는 법을 익혔다.

"제가 이 주제에 관심 있어서 집에서 유튜브로 많이 찾아보거든요. 제가 봤던 영상 중에서 도움이 될 만한 게 있어서 추천하고 싶어요."

"오, 그래? 그럼 나한테 링크 좀 보내줄래?"('와, 수업 준비를 교사 혼자 하는 게 아니네. 이건 완전 학생과의 반려 수업이잖아!')

'과제용 챗GPT 사용법'이라는 동영상에서 소개한 방법은 짧지만 친절하다. 특히 구체적으로 질문하는 사례가 학생들에게 도움이 되었다.

과제용 챗GPT 사용법

- 육하원칙을 이용해 구체적으로 질문하기
- 이 답변은 누구에게 필요한가?
- 언제 기준 데이터가 필요한가?

아날로그 교사인 나를 살게 하는 것

- 이 답변은 어디에 필요한 것인가?

- 무엇을 알고자 하는가?

- 어떤 방식으로 답변을 낼 것인가?

- 이 답변이 왜 필요한가? 예: 만약 노트북을 산다면 그냥 "노트북을 추천해줘"라고 묻지 말고, "나는 대학생이야. 일반적으로 과제를 작성할 때 노트북을 사용해. 예산은 200만 원 미만이야. 가성비 좋은 노트북을 추천해줘"라고 묻는다면 더 구체적으로 알려준다.

- 영어로 질문하기

- 요약 기능을 적극 활용하기

- 마음에 드는 답이 나올 때까지 반복하기

- 개인정보는 입력하지 않기

여기까지가 이론 공부, 이제는 실전이다. 우리는 컴퓨터실에 모였다. 다들 이미 챗GPT를 사용해본 적이 있어서 어떤 사이트에 접속하면 되는지, 어디에 프롬프트를 입력하면 되는지 일일이 설명할 필요는 없었다. 영재는 이미 유료 챗GPT 버전까지 사용하고 있었다.

학생들에게 기분 좋은 설렘이 느껴진다. 챗GPT에 프롬프트를 입력하고 답변을 읽으면서 키득거리는 소리, "와, 선생님 애 진짜 똑똑한데요"하고 감탄하는 소리, "너 이리 와서 이것 좀 읽어봐"하고 친구를 부르는 소리가 한데 섞인다. 아무도 지루해하지 않는다. 몰입한다.

이 수업은 어디로 가나요
[4~6차시] 자기만의 챗GPT 활용법

이러다 망하는 거 아닌가 싶을 정도로 방향을 잃었다. 학생들은 원래 수업 의도와 상관없이 어느 순간 자기만의 방식으로 챗GPT를 사용했다. 나는 김대식 교수처럼 챗GPT로 초고를 작성한 다음 자신의 언어로 고치기를 바랐는데, 학생들은 칼럼을 쓰면서 자기가 어려움을 겪는 단계에서 이를 보완하는 도구로 챗GPT를 활용했다. 무엇을 써야 할지 막막한 희주는 '주제 선정' 단계에서, 주제는 정했지만 시작하는 것이 힘든 태우는 '첫 문장 쓰기' 단계에서, 어떤 흐름으로 써야 하는지 고민이 되는 수영이는 '내용 조직' 단계에서 각각 챗GPT를 끌어들였다. 온라인 도구가 개별화 교육에 기여하는 것이 이런 걸까? 나는 처음의 계획을 접고 지금처럼 각자의 필요에 따라 챗GPT를 사용하자고 제안했다. 글쓰기에서 챗GPT를 사용하는 모델이 다양해지는 것도 의미 있겠다는 판단에서였다.

1학기 말에 학생들과 한 학기 수업에 대해서 일대일로 수업 인터뷰를 했다.[6]

"선생님의 수업은 참여자의 태도에 따라서 수업의 완성도가 달라지잖아요. 교과서 진도를 나갈 때와 달리 변수가 많고요. 100퍼센트 성공한다고 장담할 수가 없잖아요. 그렇지만 저는 배움에 열정이 느껴지는 이런 수업이랑 잘 맞아요."

민수의 말에서, 내게 수업이란 무엇일까를 새롭게 고민해볼 수 있었다. 강의식 수업은 나름의 장점이 있고, 교사 입장에서도 준비한 수업을 통제할 수 있기 때문에 편할 때도 있다. 챗GPT 같은 수업은 어떻게 될지 모르기 때문에 두렵다. 학생들도 교사가 잘 정돈해서 전달해주는 수업을 좋아하지 않을까 하는 막연한 걱정도 있다. 그런데 민수의 이야기를 들으니 내가 가는 방향이 틀리지 않을 수도 있겠다는 생각이 들어 안심이 됐다. 챗GPT 수업을 통해, 교사가 학생들의 개별성과 창의성을 존중하면서 그들의 피드백을 반영해 수업을 조절해나가면 된다는 확신이 생겼다.

그렇지만 챗GPT로 초고를 완성하기란 역시 어려웠다. 무엇보다 시간이 넉넉하지 않았고, 평상시에 자기가 택한 칼럼 주제에 대해 깊이 생각해보지 않았기 때문이다. 자신이 감당할 수 있는 것보다 더 거창한 주제를 택한 경우에 특히 헤맸다. 챗GPT에 대한 오해 중 하나가 '질문만 넣으면 다 알려주는데 이제 지식은 필요 없는 거 아니야?'인데 전혀 그렇지 않았다. 김대식 교수는 오히려 챗GPT를 잘 사용하려면 사용자의 지식과 판단이 중요하다고 했는데 과연 그랬다. 질문하는 분야에 대해 잘 알고 있어야 구체적으로 차별화된 프롬프트를 입력할 수 있고, 그에 따라 챗GPT가 쏟아내는 대답의 질적 수준이 달라지기 때문이다. 놀라운 지식의 역설이다.

희주는 '청소년기의 성장에 필요한 조건'이라는 주제로 칼럼을 쓰고 싶어 했다.

"희주야, 이건 범위가 너무 넓은데? 주제가 광범위하면 어떻게 써야 할지 감을 잡기가 어려워. 네가 할 말이 있는 내용으로 축소하는 게 좋겠어. 네가 청소년기의 성장에 필요한 조건으로 꼭 말하고 싶은 게 뭐야?"

"저를 이해해주는 어른이요. 제가 여기보다 큰 학교에 다니다가 2학년 때 이곳으로 전학 왔잖아요. 선생님들처럼 저를 이해해주는 어른들을 만나니까 좋아요."

"좋아, 그럼 여러 조건 중에 어른으로 범위를 한정해보자."

"네, 좋아요."

주제가 너무 크면 두루뭉술한 글이 되거나 어떻게 써야 할지 막막해지기 쉽기 때문에, 학생들의 칼럼 주제를 점검하고 피드백하는 것에 특히 신경을 썼다. 희주는 어떤 어른이 옆에 있을 때 청소년이 건강하게 성장할 수 있는지를 챗GPT에게 물었다.

1. 청소년기에 청소년들이 필요로 하는 어른들의 모습은 뭐가 있을까?
2. 이 주제로 칼럼을 작성하려고 해. 어떤 식으로 하는 게 좋을까?
3. 개요를 매력적으로 작성해줄래?

희주는 세 번의 프롬프트를 입력해 완성한 챗GPT의 초고를 자신의 말투로 바꾸고 경험을 덧붙였다. 한참을 고치더니 나를 불렀다.

"선생님, 너무 어려워요. 어떻게 써야 할지 모르겠어요."

챗GPT가 써준 원고를 다듬어보긴 했는데, 더 이상 어떻게 해야 할지 모르겠단다. 내신 성적이 부여되는 과목도 아닌데 이렇게 잘하고 싶어 한다고? 이렇게 열심히 한다고? 희주가 수업에 참여하는 태도가 교사인 나를 살게 한다.

챗GPT가 쓴 초안	희주가 다시 쓴 글
청소년기는 우리 삶에서 가장 중요하면서도 혼란스러운 시기입니다. 이런 시기에는 어른들로부터 이해와 지지를 필요로 합니다. 그렇다면 청소년들은 어떤 어른들을 원할까요? 이 칼럼에서는 청소년들이 필요로 하는 어른들의 모습에 대해 탐구하고자 합니다. 우리는 청소년들이 어른들에게서 공감과 이해를 원한다는 사실을 알고 있습니다. 그들은 자신의 감정과 경험을 공유하며 누군가에게 이해받는 것의 중요성을 느낍니다. 또한 청소년들은 어른들로부터 신뢰와 안전감을 원합니다. 그들은 자신을 보호하고 지지해줄 어른들의 모습을 찾고 있습니다.	**청소년기에 정말 필요한 어른은 누구일까?** 나는 지금 사춘기다. 그래서인지 어른들의 말 한마디가 소중하다고 느껴진다. 내 곁에 좋은 어른들이 많아서일 수도 있다. 나에게 정말 필요한 조언을 해주는 어른도 있고 위로해주는 어른, 내 이야기에 공감해주는 어른, 용기를 주는 어른, 진심으로 나를 존중해주는 어른 등 정말 좋은 어른들이 많다. 어른들이 흔히 말하는 '중2병'이 누구에게나 온다. 어른들은 청소년들의 성장 과정을 '중2병'으로 치부하고, 옳지 않은 행동만 하는 애들이라고만 치부한다. 어른들은 청소년들의 변화를 인정해주고 존중해주어야 한다. 어른들이 귀찮아하지 않고 진심을 다해 청소년들에게 이야기를 하면 그들은 충분히 알아들을 것이다.

　"챗GPT가 쓴 '어른들로부터 이해와 지지'를 '어른들의 말 한마디'로 바꾸고, '중2병으로 치부하고'라는 개인적인 생각을 추가했잖아. 중2병이라고 치부되는 사춘기를 맞아 네가 겪는 구체적인 변화들, 그럼에도 불구하고 너를 위로하고 공감해준 어른의 말을 자세하게 인용하면 어때? 그 말의 효과도

드러나면 좋겠고. 다른 사람들은 쓸 수 없는 희주만의 고유한 경험이 보이면 좋겠어. 그 개별적인 경험에서 보편적인 원리를 끌어내면 훌륭한 칼럼이 되는 거지. 또 우리나라 청소년들이 겪는 어려움과 극복 방법에 대한 통계 자료[7]로 네 주장을 뒷받침할 수 있다면 글이 더 탄탄해질 거야."

2회 고사를 앞두고 있어서 교사의 피드백을 반영해 다시 쓸 시간은 부족했다. 3학년 1학기 마지막 내신 성적이 중요하기 때문에 내 입장만 고집할 수도 없는 노릇이었다. 그래도 배운 것이 있다면, 챗GPT의 도움을 받는다고 해서 글쓰기가 마냥 쉬워지는 것은 아니라는 사실이다. 챗GPT가 생성한 글에서 영감을 받을 수는 있지만 그걸 매력 있는 글로 완성하기 위해서는 자기가 말하고자 하는 바가 분명해야 하고, 많은 시간을 들여 다듬어야 한다. 챗GPT가 써준 글을 얼마나 고유화할 수 있는지가 관건!

아쉬움을 뒤로 하고 칼럼 쓰기를 마무리한 뒤 포럼에서 발제할 주제를 정했다. 태우와 수영이는 칼럼을 쓰면서 챗GPT와 대화했던 과정을 바탕으로, 희주는 친구들과 토의했던 내용을 중심으로, 민수는 평상시에 관심 있었던 철학적인 고민과 챗GPT를 엮어서 함께 토의할 주제를 뽑았다. 이 수업의 목적은 칼럼 쓰기 자체가 아니라, 글쓰기에 챗GPT를 활용하는 과정에서 떠오르는 질문을 탐구하는 것. 자기가 잡아챈 이 고민을 포럼에서 발표한다. 완벽하게 해결되지 않은, 흘러가는 고민 그 자체를!

그럼에도, 핵심 질문의 탄생
[7~10차시] 전 학년 포럼으로 챗GPT 탐구하기

포럼 형식을 사용한 이유는 다음과 같다. 학생 주도성의 핵심은 '공유'에 있다. 결과물을 자기 혼자만 보는 것이 아니라 모둠 안에서 공유할 때, 교실 전체에서 발표할 때, 지역사회와 연계할 때, 성적을 넘어서는 학생 주도성이 발현된다. 내신 점수를 잘 받기 위해 공부하는 것도 나쁘지 않다. 학생들에게 중요한, 엄연한 현실이다. 그러나 좋은 성적을 받기 위해 공부를 시작했다 하더라도 학생들의 동기는 그것을 넘어서야 한다. 자기 혼자 보는 것에서 그치지 않고 확장하여 다른 사람들과 공유할 때, 더 잘하고 싶은 내적 동기가 생긴다.

포럼은 학기 말에 운영하고 있는 자율적 교육과정[8]에 열기로 했다. 3학년이 발제를 하면 1, 2학년이 질의·응답하는 것으로 구성했다. 3학년 학생들은 후배들 앞에서 자신의 탐구

과제를 발표하는 것이라 내신에 반영되지 않는 과목임에도 불구하고 열정적으로 참여했다.

"선생님, 1, 2학년들 앞에서 발표하는 것이라 떨려요. 저희 연습 안 해요?"

금요일에 희주는 먼저 리허설을 요청했고, 아이들과 발표를 하면서 포럼 형태를 수정했다.

한창 포럼 준비를 하는데 작년에 졸업한 준영이가 떠올랐다. 컴퓨터공학과를 갔는데 마침 여름방학이라 고향에 내려와 있는 참이었다. 졸업생까지 부른다면 기분 좋은 긴장과 설렘이 포럼을 받쳐줄 것 같았다. 준영이에게 전화를 했더니 흔쾌히 오겠다고 했고, 포럼을 앞두고 자료도 미리 보내줬다. 준영이는 "이 세상에서 챗GPT가 글을 제일 잘 써요. 글쓰기 천재예요" 하더니 한마디 덧붙였다. "선생님, 새롭고 어려운 수업 하시네요."

그러게, 왜 나는 누가 시키지도 않은 고생을 사서 하는 걸까? 그래도 어렵지만 재밌잖아. 아니 어려워서 재밌지.

포럼을 열겠다고 당차게 선언했지만 시작부터 쉽지 않았다. 나조차도 포럼이 처음이었기 때문에 여러 자료를 보며 진행 방식을 궁리했다. 고민 끝에 한 명이 5분 정도 발제를 하고 15분 정도 질의·응답 시간을 갖기로 했다.

학생들의 포럼 발표 주제

박준영: 찬양하라, 챗GPT

김태우: 챗GPT를 사용하는 나만의 꿀팁

김희주: 창조성은 인간 고유의 영역인가?

김민수: 챗GPT와 확증편향

박수영: 인간과의 대화와 챗GPT와의 대화의 차이

점심을 먹고 한두 명씩 2층 학생 자치회실로 모여들었다. 지금부터 전교생 15명의 포럼 시작. 발표에 대한 집중과 자유로운 대화를 위해 책상을 이어붙여서 동그랗게 앉았다. 졸업생 준영이가 포럼의 문을 열었다. 고등학교 졸업 이후 당면한 현실 이야기가 재미있었다. 대학생이 된 준영이는 뜨거운 환호를 받았던 챗GPT가 요즘은 다시 시들하다고 했다. 처음엔 이 세계가 너무나 놀라워서 너도나도 달려들었지만, 결국 잘 쓰기 위해서는 자신만의 언어가 필요하단다. 교수들도 챗GPT를 활용하라고 하는 쪽과 그렇지 않은 쪽으로 나뉜다고 해서 기준이 무엇이냐고 물었다. 어차피 혼자 할 수 없는 과제의 경우에는 챗GPT에 대해 허용적인데, 끙끙대면서 공부해야 근육이 붙는 과제는 챗GPT 활용을 엄격히 통제한단다. 이걸 아는 학생들은 일부러 챗GPT를 사용하지 않고 동굴 속으

아날로그 교사인 나를 살게 하는 것

로 들어가서 마늘과 쑥을 먹으며 사고를 단단하게 한단다. 준영이의 말을 들으면서 인공지능이 무조건 인간에게 이로운 것이 아니라, 이걸 이용하는 사람의 철학과 고민에 따라 득이 되기도 하고 독이 되기도 한다는 생각이 들었다.

이렇게 처음 한 시간은 순조로웠다. 1, 2학년 후배들은 졸업생까지 동원된 행사에 흥미를 보였고, 특히 친하게 지내던 3학년생들이 자신감 넘치게 발제하고 질문에 답하는 걸 보면서 멋있어했다. 희주는 발표 중간중간 "여러분은 창조성을 인간의 것이라고 생각하나요? 창조성은 무엇인가요?"라고 질문을 던지면서 청중의 몰입을 유도했다. 세련되게 발표하는 모습이 기특했다. 그러나 여기까지. 6교시에 접어들면서 피곤해하는 기색이 역력해졌다. 쉬는 시간에 아이스크림과 초코파이, 카스테라 등을 긴급 수혈했지만 이것만으로 몰려오는 잠을 내쫓을 수는 없었다.

포럼 진행도 생각처럼 쉽지 않았다. 그 이유를 돌아보면 첫째는 청중의 미숙한 준비가 문제였다. 이들은 챗GPT에 대해 깊이 고민해본 적이 없기 때문에 잘 알아듣지 못하는 내용도 많았고, 무엇을 질문해야 할지 몰라 우왕좌왕했다. 만약 사전에 챗GPT를 공부하고 사용해본 경험이 있었다면 질문의 질이 달라졌을 것이다. 이 부분은 두고두고 아쉬웠지만 덕분에 좋은 토의에 필요한 또 하나의 조건을 배웠다.

둘째는 질의·응답 방식의 문제였다. 누군가 생각을 말하고 나면 후속 질문과 동의 및 반대 의견이 동시다발적으로 일어나야 하는데, 자발적으로 모인 청중이 아닌 만큼 개인에 따라 참여도의 차이가 컸다. 공중에서 불이 튀도록 말과 말이 오가야 하는데 점점 늘어졌다. 작전 변경!

나는 발표자와 청중, 혹은 교사와 청중의 일대일 대화가 아니라 참여자 사이의 상호작용이 일어나도록 발문을 바꿨다. 한 사람의 대답만 듣고 끝내는 것이 아니라, 그 사람의 생각에 대한 너의 생각은 무엇인지, 동의하는지 반대하는지, 왜 그렇게 생각하는지, 더 하고 싶은 이야기는 없는지 집요하게 물었다. 대화의 방식을 바꾸자 소외되는 학생이 줄었고, 활발히 오가는 말들의 틈을 비집고 들어온 질문에 우리 모두가 긴장했다.

사전에 형성된 맥락에 따라 서로 다른 답을 내놓은 챗GPT를 보면서, 민수는 편견을 가진 인간이 챗GPT와 한 가지에 대해 집요하게 이야기하다 보면 자신의 고정관념을 강화하는 효과가 있을 수 있겠다는 생각이 들었다고 말했다. 특히 정확하지 않은 사실에 기반한 가짜 데이터가 대량 생산되는 경우, 인간의 데이터를 기반으로 하는 챗GPT가 엉뚱한 소리를 할 수 있다고 봤다. 따라서 이를 검증하지 않고 믿는 경우 인간의 사고는 위험해질 수 있으며, 정보를 생산하는 우리는 사회적 책임이 있다고 강조하기도 했다.

민수의 이 생각은 수영이의 발제에서 다시 소환되었다. 수영이는 인간과 챗GPT의 대화는 감정과 경험을 공유하지 않기 때문에 대화라고 할 수 없다고 했다. 수영이의 발제를 들은 민수는 오후의 노곤함을 깨우는 질문을 했다.

"저는 아까 챗GPT가 대화하는 사람의 맥락에 따라 서로 다른 답변을 내 놓는다고 했어요. 그렇다면 챗GPT가 상대와 경험을 공유하는 것 아닌가요? 말하는 사람의 경험에 따라 다르게 대답하니까요."

챗GPT에 대해 탐구한 바를 논하는 포럼에서 결이 다른 질문이 꽂혔다. 챗GPT와의 의사소통을 대화로 볼 수 있는지 없는지를 놓고 민수와 수영이의 생각이 충돌했고, 이에 '대화란 무엇인가?'라는 핵심 질문이 생성된 것이다. 모험을 통해 우리는 교실에서만 토의하고 끝냈으면 알지 못했을 새로운 경험을 하게 되었다.

포럼에 참여했던 학생들의 소감

김민수: 친구들의 통찰을 통해 생각의 폭이 넓어지는 것이

재미있었다.

김태우: '내가 답하기 어려운 질문이 나오면 어떡하지?'라는 두려움도 있었지만, 막상 질문을 받아보니 공부를 충분히 해서 그런지 어렵지 않았다. 발표에 대한 자신감도 생겼고, 대학 생활에도 도움이 되겠다는 생각이 들었다.

김희주: 처음에는 포럼이 뭔지 몰라서 막막했다. 하지만 포럼의 실체를 알고 나니 자신감이 붙었고, 의미 있게 해보고 싶다는 의욕이 생겼다. 청중의 관심을 끌 수 있도록 질문하고, 나의 주장을 뒷받침하는 논리적 근거를 찾는 데 시간을 들였다. 무엇인가를 해냈다는 성취감이 컸다.

박수영: 친구들의 질의·응답을 통해서 내가 알고 있던 지식이 보완되는 것이 의미 있었다.

전영재: 챗GPT를 다른 친구들보다 더 잘 알고 있었기 때문에 내 경험을 발표하고 공유하는 것이 흥미로웠다. 앞으로도 내가 새로운 프로그래밍에 대해 외부에 공개할 때 이런 식으로 하면 된다는 것을 깨달았다. 주제를 정해 발표하고 질의·응답을 하는 것이 매우 유익했다.

챗GPT를 활용한 수업은 학습의 주체가 누구인지 명확히 보여줬다. 만약 내가 일방적으로 챗GPT 강의를 했다면 이런

아날로그 교사인 나를 살게 하는 것

논쟁도, 이런 질문도, 이런 학습자 주체성도 기대할 수 없었을 것이다. 또 학생들은 이 공부가 여기에서 끝나지 않고 미래에도 써먹을 수 있는 기술이라는 점을 확실히 알았다. 고등학생 때의 공부가 입시에만 복무하는 것이 아니라는 점을 깨달은 평생 학습자로 거듭났다.

배우는 교사가 도착한 곳
[11차시] 꼬리에 꼬리를 무는 질문 수업

어지러웠던 포럼 수업을 3학년들끼리의 토의로 마무리했다. 뜨거웠던 수업을 차분하게 식혔다. 전국국어교사모임 연수에서 알게 된 《노동의 시대는 끝났다》[9]를 함께 읽고, '인간은 왜 인공지능을 개발하려고 할까? 왜 사람들은 챗GPT에 열광할까? 챗GPT의 특성이 무엇이길래 다른 서비스보다 폭발적인 반응을 보일까?'라는 질문을 놓고 대화를 했다. 이 시간에 나는 기록자로 참여했다. 토의 진행과 참여는 오로지 학생들의 몫.

아이들의 성장이 놀라웠다. 말하고, 듣고, 질문하는 과정이 자연스러워졌다. 대화가 수제비 반죽처럼 뚝뚝 끊어지는 것이 아니라, 서로의 말과 말 사이가 질문으로 이어졌다. 내가 그동안 하고 싶었던, 꼬리에 꼬리를 무는 질문 수업이 이것에 가까웠다. 마지막 토의는 '인공지능을 개발하는 인간의 태도'에 가 닿았다. 단지 인간의 호기심을 충족하기 위해서, 돈벌이를 위해서 인공지능을 개발한다면 어떻게 될까? 인간과 사회에 기여하는 과학기술의 윤리적 발전에 대한 논의로 수업의 문을 닫았다.

수영: 인공지능이 인간에게 위험할 수도 있다고 하면서, 인류는 왜 인공지능 개발을 멈추지 않을까?

민수: 너는 인류라고 표현을 했는데 그 표현이 좀 잘못됐어. 인류가 아니라 그런 생각을 갖고 있는 사람들이 있고 아닌 사람들이 있는 거지. 어떻게든 과학자들은 자기가 연구하고 개발하고 싶은 거를 하려고 노력하는 사람들이기 때문에.

희주: 그들은 왜 범용 인공지능을 만들려 할까? 궁극적인 목표가 뭘까?

민수: 사람이 하는 것보다 싸고 빠르게 일을 처리할 수 있는 게 나오면 경제성이 좋으니까. 또 그냥 인간이랑 똑같은 것을 구현해보고 싶어 하는 사람들도 있겠지.

아날로그 교사인 나를 살게 하는 것

수영: 나 궁금한 게 생겼는데, 인공지능 개발을 두려워하는 사람도 있고 두려워하지 않는 사람도 있잖아. 그러면 너희는 어느 쪽인지?

희주: 난 별로 두렵지 않아.

민수: 왜 그렇게 생각해?

희주: 내가 좋아하는 마블 영화를 보면 인공지능이 인간을 죽이기도 하는데 아직까지는 픽션인 것 같고, 나는 인간이 인공지능에게 정보를 넣었기 때문에 개네들이 작동하는 거라 생각해. 인공지능이 아무리 혼자 생각하는 힘이 있다고 해도 나는 별로 두렵지 않아.

수영: 나는 사람 생명이 왔다 갔다 하는 수술 같은 것에는 인공지능이 필요하지만 인공지능이 사람들의 일자리를 빼앗아 사회가 무너질까 봐 무서워.

희주: 그런데 인공지능 관련해서 새로운 일자리가 생겨나지 않을까?

수영: 내가 생각했을 때는 없어지는 수만큼 대체할 수 있는 직업이 그렇게 많이 나올 것 같지 않아. 그리고 인공지능은 딥러닝을 할 수 있기 때문에, 인간이 제공하는 데이터 외에 혼자 배우고 학습해서 새로운 정보를 만들기 때문에 위험할 수도 있어. 또 인간의 사고와 인공지능의 딥러닝을 같은

것으로 볼 수 있을까? 인간은 배우고 애써서 새로움을 창조하는 거잖아. 그런데 인공지능은 힘든 훈련의 시간을 거치지 않아.

민수: 사실 너희 둘이 하는 이 얘기가 산업혁명 시기마다 항상 나왔던 이야기이긴 해. "인간의 자리를 기계가 대치해서 우리 일자리도 없고 다 길바닥에 나앉고 그럴 것이다." 현재까지 3차가 진행되었고 이제 4차가 진행 중인데 여전히 똑같은 말을 하지.

수영: 인간이 발전한 인공지능을 통제할 수 있다면 두렵지 않고 오히려 괜찮다고 생각하는데, 인간이 인공지능을 통제하지 못한다면 난 발전시키지 않는 게 좋다고 생각해.

학생들의 대화가 너무 흥미로워서 끼어들고 싶은 마음을 참지 못했다. 희주가 인간은 편리함 때문에 챗GPT를 쓴다고 말했을 때였다.

"미안하지만 나도 한마디 해도 될까? 희주가 방금 한 말과 수영이의 입장이 반대되는 것 같아. 수영이는 인간은 불편하더라도 자신의 발전에 도움이 된다면 자발적으로 그 불편함을 감수한다고 했잖아. 일부러 피곤하게 사는 거지. 그럼 희주의 말처럼 단지 편리함 때문에 챗GPT를 쓴다고 단정해도 될까?"

　나는 어느새 챗GPT에 심리적으로 가까워져 있었다. 2회고사에 '독서' 과목 시험문제를 출제할 때는 '기준점 휴리스틱'에 대한 일상 사례를 오지 선다형 보기로 만들다, 불현듯 '챗GPT에게 물어보자'는 생각이 들었다. 그래서 '기준점 휴리스틱의 사례로 적절한 것 다섯 가지만 알려줘', '더 구체적으로 알려줘. 예를 들면 정가와 판매가격을 같이 제시해서, 소비자가 제품을 정가에 비해 상대적으로 싸게 샀다고 느끼는 경우처럼 서술해줘'라고 프롬프트를 입력하며 보기를 만들고, 이에 대한 사실 검증을 했다. 챗GPT의 대답은 인터넷으로 검색할 키워드를 찾는 데 도움이 되었다. 이 수업이 아니었다면 "음, 다 맞는 말인데 재미는 없군"이라는 챗GPT에 대한 첫인상을 바꿀 기회가 아마도 더디 오지 않았을까?

우리의 공존은 이미 시작되었다

　희주는 마지막으로 이렇게 질문했다.

　"인간이 왜 꼭 기계보다 우위에 있어야 하나요? 왜 인간만이 지구에서 끝까지 살아남아야 해요? 인간도 다른 종처럼 멸

종할 수 있는 것 아닌가요?"

인간은 인간의 뇌와 닮은 인공지능을 구현하는 것을 오랫동안 꿈꿔왔다. 그리고 이제 그 꿈은 챗GPT의 등장으로 인해 실현 가능한 확률로 우리 눈앞에 왔다. 우리는 의도적으로 우리를 닮도록 인공지능을 만들어놓고, 이제 와서 그것과의 차이점을 밝히며 인간의 우월성을 따지고 있다. 챗GPT는 이러한 인간의 모순을 구체적으로 보게 해준다.[10]

안내 지도 없이 시작한 수업이었지만 만약 이 수업이 아주 조금의 성공이라도 거두었다면, 아마 우리가 보지 못했던 인간의 모습에 대한 질문들이 챗GPT를 경유해 우리에게 도착했기 때문일 것이다. 그 모습이 모순인 만큼, 나와 우리 학생들이 살면서 마주할 모순에 당황하지 않고 '왜?'라고 직진할 수 있으면 더 좋겠다. 그것에 정답이 없을지라도.

대학 수시 면접 준비로 교실이 바쁘다. 수영이가 "선생님, 면접 준비 너무 어려워요"라고 볼멘소리를 하자, 희주가 "챗GPT에게 물어봐"라고 말한다. 인간의 호기심과 모순으로 만들어진 챗GPT와 우리의 공존은 이미 시작되었다.

학습자 주도성, 질문,
블렌디드 러닝 수업에 도움이 되는 책

이 수업이 뿌리를 두고 있는 학습자 주도성, 질문, 블렌디드 러닝 수업에 도움을 받은 책들이다. 정말 좋은 책들이지만 바쁜 현실에 치이다 보면 혼자 읽기가 쉽지 않다. 마음이 통하는 동료 교사나 전문학습공동체와 함께 읽으면 좋겠다.

수잔 M. 브룩하트, 《현장 교사를 위한 효과적인 피드백 방법》
손원숙 외 옮김, 학지사, 2020.

학습자 주도성의 핵심은 형성평가에 있고, 이 형성평가의 핵심 중 하나가 교사의 피드백이다. 학생에게 도움이 되는 교사의 피드백은 어떠해야 하는지 구체적인 지침을 제공한다. 피드백의 전략과 내용, 좋은 피드백의 조건이 예시와 함께 나와 있다.

마크 프렌스키, 《디지털 네이티브 그들은 어떻게 배우는가》
정현선·이원미 옮김, 사회평론아카데미, 2019.

우리나라 매체 교육의 대가 정현선 교수가 번역한 책이다. 단순히 기술 사용에 대한 책이 아니다. 시행착오를 겪는 교사를 응원하며, 교사와 학생의 파트너 관계를 성찰한다. '21세기의 배움은 어떠해야 하는가?'라는 큰 질문을 던진다. 서문부터 좋다.

권정민, 《최고의 블렌디드 러닝》
사회평론아카데미, 2022.

블렌디드 러닝을 수업에 제대로 접목해보고 싶은 초심자들이 읽으면 좋다. 이론서보다는 실용서에 가까운데, 블렌디드 러닝의 기본 개념과 수업 시간에 활용할 수 있는 실제적인 팁이 아주 쉽게 잘 정리되어 있다. 블렌디드 러닝이 학습자 주도성에 어떻게 기여할 수 있는지 알게 된다.

마이크 앤더슨, 《교사의 말》

이석영 외 옮김, 교육을바꾸는사람들, 2021.

공부 모임에서 함께 읽은 책으로, 동료들에게 추천했을 때 반응이 좋았다. 교사가 평소에 습관적으로 쓰던 자신의 말을 낯설게 바라볼 수 있다. 교사의 말에 담긴 교육적 의미를 하나하나 짚는다. 혼자서도 잘 읽을 수 있다.

댄 로스스타인, 루스 산타나, 《한 가지만 바꾸기》

정혜승·정선영 옮김, 사회평론아카데미, 2017.

질문에 관한 유명한 책. 교사가 교실에서 단 한 가지, 질문을 바꿨을 때 생기는 놀라운 변화가 나와 있다. 질문 형성 기법을 자세하게 소개하는데, 책을 읽고 나면 학생들의 질문을 바라보는 교사의 시선이 달라진다. 질문으로 수업하고 싶어 안달이 날 수 있음을 주의할 것.

정혜승 외, 《학생이 질문하는 즐거운 수업 만들기(중등활동편)》

사회평론아카데미, 2020.

'그래, 질문이 중요하지. 그런데 질문으로 어떻게 수업을 해야 해?' 막연할 때 펴보면 좋은 책. 이론서가 아니라 활동을 안내하는 책이기 때문에 가볍게 훑어보면서 다양한 수업 방법의 팁을 얻을 수 있다. 다 읽고 나면 감탄하게 된다. '와, 질문을 활용해서 이렇게나 다양한 수업이 가능하다고?'

주

01 사실이 아닌 걸 사실처럼 말한다면
창작에 도움을 받아보자! 챗GPT와 함께하는 소설 재구성 수업

1 요즘 난리 난 AI에게 앤트맨 3편 뇌피셜 시키려다가 예기치 못한 부분에서 깜짝 놀란 이야기(https://youtu.be/f4U1FCJJjpQ?si=exkiVRc4lRrXN-5ZH)

2 서,《초단편소설을 읽어주세요: 집 도둑》, 하북스, 2021.

3 패들렛(Padlet)은 사용 방법이 간단해 널리 쓰이는 에듀테크다. URL이나 QR코드를 통해 학생들은 로그인을 하지 않아도 게시물을 작성할 수 있으며, 댓글을 달거나 '좋아요' 표시, 별점 매기기 등을 할 수 있다. 담벼락, 지도, 타임라인, 캔버스 등 다양한 형태의 패들렛을 만들 수 있는데, 셸프 형태를 선택하면 사진에서 보이는 것처럼 게시물을 묶음으로 분류하여 볼 수 있다. 제목에 학번과 이름을 적게 하면 익명 때문에 생길 수 있는 문제를 예방할 수 있다. 또한 '설정'에서 '콘텐츠 필터링'에 '승인 필요'를 활성화하면 학생이 게시물을 올린다고 해서 바로 모든 사람에게 보이는 게 아니라 교사의 승인을 받아야만 보이게 할 수 있다.

4   김재성,《5분 소설》, 이담북스, 2020.

5   홍명진 외,《콤플렉스의 밀도》, 문학동네, 2014.

02   챗GPT가 만든 시는 문학작품일까?
문학으로 '보이는' 문학, 질문들의 연쇄로 탐구하는 문학의 조건

1   "5. 할리우드가 멈추려 한다: 넷플릭스와 챗GPT는 업계에 어떤 파도를
      일으켰나",《딴지일보》, 2023년 4월 21일.

2   기존에 창작되어 있는 시의 형태나 문장의 형식을 빌려 자신의 생각을
      시로 써보는 재창작 수업.

3   이러한 현상에 대해 학계에서는 인공지능 자체가 창작자로서 특정한 윤
      리를 지니고 있지 않으므로 인공지능을 창작자로 보기는 어렵지만, 인
      공지능이 만든 작품에 대해 '개성적 발상과 표현'을 느낀 독자가 있을 수
      있음을 이야기한다. 이론적으로 작가는 존재하지 않되, 독자는 존재하는
      이례적인 상황이라는 것이다. 따라서 인공지능의 문학작품 창작 현상은
      문학작품의 성립 혹은 문학이라는 범주와 관련해 독자의 역할과 위상
      을 새롭게 논의해야 할 필요성을 제기한다고 본다. 유진현,〈인공지능 시
      대의 문학교육을 위한 시론〉,《문학교육학》제68호, 한국문학교육학회,
      2020년 9월.

4   로버트 J. 마르자노, 줄리아 A. 심스,《학생 탐구 중심 수업과 질문 연속
      체》, 정혜승·정선영 옮김, 사회평론아카데미, 2017에 나오는 개념.

5   다음은 이에 대한 참고 자료다.
      제이 맥타이, 그랜트 위긴스,《핵심 질문: 학생에게 이해의 문 열어주기》,
      정혜승·이원미 옮김, 사회평론아카데미, 2016.
      댄 로스스타인, 루스 산타나,《한 가지만 바꾸기: 학생이 자신의 질문을
      하도록 가르쳐라》, 정혜승·정선영 옮김, 사회평론아카데미, 2017.
      백희정,〈인공지능 시대 독자의 질문 생성과 읽기 교육〉,《독서연구》제

68호, 한국독서학회, 2023년 8월.

6   유진현, 위의 글, 133쪽.

03 누군가 내 마음을 대신 써준다면
끊임없는 '나'와의 대화, 챗GPT로 다정한 편지글 쓰기

1   피터 엘보, 《힘 있는 글쓰기》, 김우열 옮김, 토트, 2014.

2   편지 쓰기 활동은 박유미 선생님의 '인생 수업'에 포함된 활동 중 하나다. '인생 수업'은 박유미 선생님의 블로그(https://blog.naver.com/momentoday/223055526932)에 잘 정리되어 있다.

04 미디어 리터러시 기르기
챗GPT를 반박하라! 확증편향의 시대를 건너는 글쓰기 수업

1   《Littor 릿터》 2023년 2/3월, 40호.

05 한 사람 한 사람이 자신을 발견하는 일
손에 잡히는 진로 설계, 챗GPT로 대입 면접 준비하기

1   양손잡이 문해력, 즉 목적에 따라 디지털 미디어를 활용한 읽기와 종이 문서 읽기를 효과적으로 활용할 수 있는 독자의 역량을 강조한 책 《다시, 어떻게 읽을 것인가》(나오미 배런 지음, 전병근 옮김, 어크로스, 2023)에서는 디지털 도구를 활용한 읽기 활동을 할 때 학습 효과를 높이는 방안 중 하나로, 종이 위에 손으로 작성하는 아날로그 메모를 제시한다.

2   챗GPT 입력창에서 문단 나눔을 위해 enter를 누르면 앞의 내용이 그대로 전송되어 버린다! shift와 enter를 동시에 누르면 줄바꿈이 가능하다. 물론, 줄바꿈을 하지 않아도 인공지능은 워낙 똑똑해서 내가 하려는 말이 무엇인지 찰떡같이 알아차리지만.

3 챗GPT가 가진 한계는 ① 2021년 9월까지의 정보를 근거로 답변을 한다는 점, ② 한국 기업이 아니다 보니 국내 정보를 생생하게 파악하지는 못한다는 점이다. M이 답변해야 하는 3번 문항은 '최신의 한국 상황'을 묻는 것이었으므로 챗GPT의 도움을 받을 수 없었다.

4 "딥인사이트 '미래 자동차는 새로운 주거환경'",《머니투데이》, 2023년 4월 27일.

5 "닛산, 영국 정부 반대에도 '2030년까지 유럽서 전기차로 완전 전환할 것'",《뉴스퀘스트》, 2023년 9월 26일.

6 "미래車 방향은 '지능형'과 '친환경'",《동아 사이언스》, 2019년 11월 11일.

06 아날로그 교사인 나를 살게 하는 것
질문을 가꾸는 토의로 인간과 기술의 관계 고민하기

1 대구 국제고 김미향 선생님의 블로그 '소나기국어'(https://blog.naver.com/rainyconcert)

2 카이스트 김대식 교수, (2부) "챗GPT는 더 강력한 인공지능의 티저", 처음 듣는 챗GPT 이야기(https://youtu.be/-BOI9k5sXSs?si=PwXrZzBi-FJtZYQhB)

3 이때 교사가 '무엇이 ~의 원인인가?', '만약에 ~한다면 어떻게 할 것인가?', '~의 공통점은 무엇인가?'와 같은 질문 틀을 제시하면 질문 만들기를 어려워하는 학생들이 도움을 받을 수 있다. 에릭 M. 프랜시스,《이거 좋은 질문이야!》, 정혜승·박소희 옮김, 사회평론아카데미, 2020.

4 김대식·챗GPT,《챗GPT에게 묻는 인류의 미래》, 동아시아, 2023.

5 스브스뉴스, (새학기 전략) 교수님이 직접 알려준 과제용 챗GPT 사용법(https://youtu.be/mUkv0DPIMtU)

6 학습자 주도성에서는 학생의 목소리를 중요시한다. 학기 말에 전체 수

업에 대한 학생들의 리뷰를 듣는데, 이 시간이 내게는 큰 의미가 있다. 내가 의도한 대로 학습이 정확하게 일어난 지점, 내가 실패했다고 생각했는데 학생들에게 좋았던 장면, 내가 몰랐던 학생들의 어려움을 알 수 있어 유익하다. 꼭 대화가 아니더라도, 학기 말에 '수업 평가 설문지'를 받아볼 수도 있다. 수업에 대한 학생들의 평가는 두렵고 떨린다. 그래도 나에 대한 비판이 아니라 수업에 대한 평가임을 되새기며 용기를 내어 시도한다.

7   국가통계포털 사이트(https://kosis.kr/index/index.do)에 방문하면 도움이 되는 통계 자료를 얻기 좋다.

8   자율적 교육과정이란 고교학점제 도입에 따라 과목별 1단위를, 단위 학교에서 학생의 진로·적성·학습 수준에 맞게 자율 운영할 수 있도록 하는 제도다.

9   대니얼 서스킨드, 《노동의 시대는 끝났다》, 김정아 옮김, 와이즈베리, 2020.

10   전국국어교사모임 연수 〈GPT와 인간〉에서 있었던 토의 내용을 정리한 것이다.